からだにおいしい 缶詰レシピ

おいしく健康!

管理栄養士
今泉マユ子

法研

はじめに...

　缶詰は手軽に買えて栄養価が高く、しかも買い置きができて便利という優れものです。そんな缶詰と、体の調子を整え栄養効果バツグンの発酵食品を組み合わせ、食べることで健康になるレシピを考えました。

　100 以上あるレシピはすべて缶詰と発酵食品を組み合わせてあります。それを健康に役立つよう効能別に分け、体と栄養の解説と、各レシピの栄養や作り方のポイントを掲載。栄養成分も計算しました。

　レシピを考えるときに心がけたのは、手軽にかんたんに作れること。ほとんどのレシピが 2～3 ステップでできています。

　さらに手間をかけずに作りたければ、たとえばおろししょうがやおろしにんにくなどは市販されているチューブ入りのものを使ったり、野菜も冷凍ものを利用するなど、作りやすいものをお使いください。

　味付けは、缶詰の味をいかし、調味料は少なくシンプルにしてあります。レシピ通りに作っていただければおいしい一皿が出来上がりますが、お手持ちの調味料を加えてアレンジをしてオリジナル・レシピに挑戦していただいてもうれしいです。

　私の思いがたっぷり詰まった、「食べておいしい、体においしい」レシピです。第 2 章では缶詰情報を、第 3 章では発酵食品についても説明しています。お得な情報満載の本書をぜひお手元に置いて、ご活用ください。

目次

はじめに 2
本書の使い方 6

Chapter 1
ヘルシーお手軽缶詰レシピ 7

免疫力をアップさせる缶詰レシピ 8

鶏ささ身のごまみそベーグルサンド 10
ホワイトアスパラのグラタンもどき 11
あさりと焼き麩の卵焼き 12

Soup & Sweets
▶ ヤングコーン入り豆乳スープ 13

ひじきのアンチョビ炒飯 14
コンビーフとキムチの春巻 15
鮭と野菜の石狩鍋 16

Soup & Sweets
▶ チーズ入りみかん大福 17

焼き鳥とにら納豆のスタミナ丼 18
いわしと納豆の梅しそ巻き 19
さばのみそ煮と根菜のマヨ炒め 20

MAYU'S ADVICE 1
魚の缶詰は用途によって
賢く使い分けを 21

ひよこ豆の塩麹オムレツ 22
アボカドの和風ピンチョス 23

疲労回復をサポートする缶詰レシピ 24

いわしつくねのアスパラ巻き 26

Soup & Sweets
▶ 炊飯器で作る！
フルーツ缶のチーズケーキ 27

あさりのキムチヂミ 28
鮭とかぼちゃのみそグラタン 29
チリコンカン トルティーヤ添え 30

Soup & Sweets
▶ マッシュルームとオクラのスープ 31

ツナピーおかかご飯 半熟卵のせ 32
コンビーフの韓国風手巻きサラダ 33
鶏ささ身のバインミー 34
牛肉大和煮とチンゲン菜のスープ煮 35
にらたっぷりのさばみそ餃子 36
ほたての冷製パスタ 37

Column
▶ 缶詰の残りでもう一品・変わり冷奴 38

筋力アップを応援する缶詰レシピ 40

ウインナー入りベジパンケーキ 42
豆腐の韓国風コーンクリーム煮 43
焼き鳥とグリンピースの卵とじ 44

Soup & Sweets
▶ トマトの冷製ピリ辛スープ 45

いわしのトマトリゾット 46
さんまと長いものハンバーグ 47
鶏ささ身と納豆の中華サラダ 48
コンビーフとチーズのフリット 49
かにめし 50
さばとオクラの土佐炒め 51
スパムライス詰めパプリカのトマト煮 52

Soup & Sweets
▶ マシュマロのフルーツグラタン 53

ダイエットをサポートする缶詰レシピ 54

鶏そぼろバジルと 　ホワイトアスパラの温玉添え	56
かに玉豆腐	57
ほたての中華粥	58
Soup & Sweets	
▶ 鶏ささ身のサンラータン	59
たけのことひじきの塩辛炒め	60
うずらと塩麹漬けこんにゃくのソテー	61
鮭と野菜の塩麹蒸し	62
Soup & Sweets	
▶ フルーツ入りナタデココ	63
さんまとモッツァレラのカップサラダ	64
焼き鳥とほうれん草の納豆手巻き	65
さばの冷や汁そうめん	66
MAYU'S ADVICE 2 　理想的なダイエットとは？	67
牛肉大和煮とわかめの酢のもの	68
いわしとアボカドのグラタン	69

腸内をきれいにし便秘を解消する缶詰レシピ 70

焼き鳥とこんにゃくの唐揚げ風	72
Soup & Sweets	
▶ ヨーグルト白玉あんこ	73
さんまと里いものさっぱり煮	74
塩麹漬けきのこのボンゴレ	75
ヤングコーンのバルサミコマリネ	76
Soup & Sweets	
▶ グリンピースとなめこの 　デトックススープ	77
ほたてのいぶりがっこ寿司	78
鶏ささ身としらたきのおやき	79
いわしときのこの 　ガーリックヨーグルト炒め	80
MAYU'S ADVICE 3 　便秘に効く食物繊維のとり方とは	81
さばの洋風きんぴら	82
牛肉大和煮と野沢菜のさつまいもご飯	83

アンチエイジングのための缶詰レシピ 84

ツナとトマトの塩麹卵炒め	86
さばみそさんが焼き	87
コンビーフとひよこ豆の巣ごもり風	88
Soup & Sweets	
▶ みかん缶のタルトタタン	89
さんまの南蛮漬け	90
レバーチリチーズトースト	91
ほたてと白菜のおつまみサラダ	92
Soup & Sweets	
▶ かにとヨーグルトの冷たいスープ	93
ヘルシーチキンナゲット	94
里いものアンチョビサンド	95
なんちゃってラザニア	96
スパムと水菜のサラダ	97
Column	
▶ 缶詰の残りでもう一品・ 　お手軽ディップ	98

脳を活性化し心を安定させる缶詰レシピ	100
かんたん麻婆豆腐	102
ツナとかぼちゃのホットケーキ	103
いわしのチーズはんぺん	104
ミックスビーンズのドライカレー	105
焼き鳥とキムチのお好み焼き	106

Soup & Sweets
▶ コーンのかき玉汁	107
鶏ささ身入り卵サラダのピーマンカップ	108
あさりとぬか漬けの酢のもの	109
ほたてとのりの温そうめん	110

Soup & Sweets
▶ チョコプディング	111
鮭とたけのこの土佐煮	112

MAYU'S ADVICE 4
よく噛むと、いいことたくさん！	113

骨粗しょう症を予防する缶詰レシピ	114
ウインナーとミックスビーンズの キッシュ風	116
銀杏とじゃがいもの塩辛炒め	117
オイルサーディンと厚揚げのパン粉焼き	118
いわしともやしのいなり	119
さばと納豆のさつま揚げ風	120

MAYU'S ADVICE 5
たんぱく質の偏差値「アミノ酸スコア」	121
鶏ささ身と貝割れとチーズの春巻	122

Soup & Sweets
▶ チーズ入りどら焼き	123
コーンとさつまいものホットサラダ	124
揚げ大豆ご飯	125
スパム入りココナッツミルクカレー	126

Soup & Sweets
▶ さんまととろろの納豆汁	127
鮭とれんこんのチーズ焼き	128

Chapter 2
缶詰ってこんなにすごい！ 129

実は新鮮で栄養価の高い缶詰	130
知って得する魚介缶詰の底ヂカラ	132
缶詰の魅力は安い、安全、長もち	134
缶詰と上手に付き合うポイント	136
おいしく食べて、上手にリサイクル	138
いざというときに備える 「ローリングストック」のすすめ	140

Chapter 3
発酵食品は美と健康の強い味方！ 143

太古の昔から 受け継がれてきた発酵食品	144
発酵食品ってなに？	146
いいことづくめの発酵食品	148
日本の発酵食品	150
世界の発酵食品	152

おわりに	**154**
素材別索引	156
協力企業リスト	159
参考文献	159

本書の使い方

本書では「缶詰」を使ったレシピをご提案していますが、レトルトパウチ等でも同様にお使いいただくことができます。

缶詰の取り扱いについて

- 本書で使った缶詰をご紹介しています。
- 缶詰には缶汁まで含めた「内容総量」と、缶汁を除いた「固形量」があります。メーカーによって記載事項に違いがありますので、缶詰の表示に従って記載しました。

材料表について

- 太字で記載されているものは缶詰です。
- 本書では、使用した缶詰をなるべく一度で使い切るレシピを心がけました。そのため料理によって「1人分」「2人分」「作りやすい分量」など出来上がり量が異なります。
- 使用したメーカーの缶詰以外でも作れますので、材料表には商品名ではなく、一般的な素材名を太字で記載しました。
- 分量は、メーカーによる記載事項の違いを考慮して、「1缶（約50g）」のように固形量ではなく内容総量を掲載してあります。
- 缶詰は製品によって味の濃さが異なります。味付けは適宜加減してください。
- 赤い字で記載されているものは発酵食品です。
- 本書では、塩麹はマルコメ「プラス糀　生塩糀」を使用しました。塩麹の塩分は商品によって異なりますので、適宜加減してください。
- パンは酵母によって生地を発酵させてふくらませますが、焼き上がったパンには発酵によって生成された成分はほとんど残っていないため、本書では発酵食品として扱っていません。
- 計量の単位はすりきりで、大さじ1杯＝15mL、小さじ1杯＝5mL、1カップ＝200mL、1合＝180ccです。

栄養計算について

- 栄養成分の表示は「五訂増補日本食品標準成分表」、および使用缶詰の各メーカーのデータをもとに計算しています。
- 記載されているエネルギー量、成分量は1人分です。例外は各ページに明記しました。
- 栄養計算は使用した缶詰をもとに行っています。
- 豆腐はすべてカルシウム量の多い木綿豆腐を使用し、栄養計算も木綿豆腐で行っています。
- パスタは1人分80g、ご飯茶碗1杯は150gで計算してあります。例外は各ページに明記しました。
- 「適量」「適宜」「少々」は栄養計算に含んでいません。

電子レンジ等について

- 電子レンジは500wの場合の加熱時間の目安を掲載しています。400wなら2割増し、600wなら2割減を目安に加熱時間を調整してください。
- 電子レンジから取り出すときやラップをはがすときには、やけどに注意してください。
- 電子レンジやオーブントースターは機種により加熱力が異なります。使用の際は様子を見ながら加減してください。

chapter
1

ヘルシーお手軽缶詰レシピ

健康を考えた食事は、素材選びも調理もめんどう！そんな常識を覆すのが「ヘルシーお手軽缶詰レシピ」。下ごしらえ不要で栄養たっぷりの缶詰と、健康効果の高い発酵食品を組み合わせて、健康づくりに役立つメニューを目的別に紹介します。日々の食事はもちろん、急な来客やもう一品ほしいときにも強い味方に！

パパっと一品！

免疫力アップ

免疫力をアップさせる缶詰レシピ

免疫細胞の多くは「腸」にいる

　免疫とは、人や動物の体に備わっている自己防衛機能です。一度かかったはしかには、ほとんどの場合、二度はかかりません。これは免疫ができて体内に侵入した細菌やウイルスなどを攻撃し、体を正常に保っているからです。

　この免疫力の主人公は免疫細胞、血液にのって全身をパトロールしている白血球です。体内に侵入したウイルスや細菌を食べたり、ウイルスに感染した細胞や体内で発生した悪い細胞を攻撃したり、病原体にとりついて退治する「抗体」をつくるなど、役割の違う複数の免疫細胞の連携によって、免疫システムが働いています。その免疫細胞の6割は「腸」に存在しています。そのため腸内環境をととのえることが、全身の免疫力を高めるうえでとても重要です。免疫力アップのカギは、腸内環境にあります。

　腸に棲む菌は約500種類もいて、善玉菌、悪玉菌、勢力が強いほうになびく日和見菌（ひよりみきん）の3つに大別されます。これらのバランスによって腸内環境の善し悪しは変化します。腸内環境をよくするには、腸内に善玉菌を増やすこと。そのために善玉菌のえさとなる食物繊維やオリゴ糖、腸内に善玉菌を補給する発酵食品を十分とることが有効です。

青魚と発酵食品が大きな味方！

　日本の伝統的な発酵食品には、アミノ酸や乳酸菌が豊富です。これらは老化の原因になる活性酸素を抑え、新陳代謝を活発にし、腸内環境を改善するといった働きをします。

　最近人気の塩麹は、麹菌によって発酵させています。麹菌の酵素はでんぷんをブドウ糖に、たんぱく質をアミノ酸に分解し、食べものを消化しやすい状態にします。善玉菌のえさとなるオリゴ糖にまで分解するので、腸内環境を整える効果が期待されるのです。

　免疫力アップには、抵抗力をつける抗酸化食品も効果的です。大豆製品にはビタミン、ミネラルが豊富で抗酸化作用があり、免疫力増強が期待できます。

　鉄は体全体に酸素を運搬したり、体内の酵素の形成に関与する重要な栄養素。不足すると動悸や息切れがし、疲れやすくなります。口の中の粘膜が弱って免疫力が低下する一因にも。青魚に含まれる不飽和脂肪酸EPA（エイコサペンタエン酸）には血行を促進し、腸内の働きを高める効果がありますので、鉄とともにとって血の巡りをよくしましょう。かんたんに食べられる魚の缶詰を有効活用してください。

塩麹
発酵の過程で生まれる酵素には、でんぷんをオリゴ糖に分解する働きが。

酢
日本独特の米酢にはアミノ酸、ビタミン、ミネラルがたっぷり。

さんま
EPAはもちろん鉄分、ビタミン類をバランスよく含む。

ヨーグルト
おなかの調子をととのえる乳酸菌がいっぱい!

さば
青魚のなかでもっともEPA含有量が高い優等生。

納豆
納豆菌にも抗酸化作用や腸内環境をととのえる働きが。

ほかにもあります! 免疫力を高める食材いろいろ

抗酸化力のある食材 人参、かぼちゃ、トマト、アーモンド、ココアなど
良質のたんぱく質 鮭、まぐろ、ぶり、牛肉、鶏肉、豚肉、卵、牛乳など
腸内環境をととのえる食材 ごぼう、りんご、切り干し大根、バナナ、豆腐、はちみつ、みそなど

免疫力アップ

鶏ささ身のごまみそベーグルサンド

さっぱりとしたささ身のほぐし身に
みそマヨでコクをプラス。がんばる日の朝に。

これを使いました！

いなば とりささみフレーク低脂肪
[内容総量80g]

材料(2人分)

鶏ささ身(フレーク)	1缶(約80g)
ベーグル	2個
トマト	1/2個
玉ねぎ(みじん切り)	20g
A　マヨネーズ	小さじ2
みそ	小さじ1
白ごま	小さじ1
クリームチーズ	20g
サニーレタス	2枚

作り方

1. ベーグルは横半分に切り、軽くトーストしておく。トマトは厚めの輪切りを2枚作る。
2. 鶏ささ身は缶汁をきり、玉ねぎとAを混ぜ合わせる。
3. ベーグルの下半分にクリームチーズを半量ずつ塗り、サニーレタスとトマト各1枚、2の半量を順に重ね、最後にベーグルの上半分をかぶせる。もう1個も同様に作る。

Point
高たんぱく・低カロリーの鶏ささ身と、抗酸化作用のあるリコピンたっぷりのトマト。免疫力アップと一緒にキレイも目指せるレシピです。

エネルギー	たんぱく質	脂質	炭水化物	食塩相当量
274kcal	12.8g	7.4g	37.9g	1.9g

ホワイトアスパラのグラタンもどき

こんがり焼けたみそとチーズが香ばしい
手軽な和風グラタン！

これを使いました！

SSK　アスパラガス ホワイト
[固形量160g・内容総量250g]

材料(1人分)

ホワイトアスパラガス水煮 ………………… **3本**
がんもどき(大) ………………… 1個(約100g)
A ｢ 赤みそ(お好みのみそ) ………… 小さじ1/2
　｣ みりん ……………………………… 小さじ1/2
シュレッドチーズ ………………………………… 15g

作り方

1. がんもどきの表面に混ぜ合わせた A を塗り、耐熱容器に入れる。
2. 1の上に缶汁をきったホワイトアスパラガス、シュレッドチーズをのせてオーブントースターでチーズがとけるまで焼く。

Point
ホワイトアスパラガスの缶汁はうまみたっぷりなので、大さじ1をがんもどきにしみこませてもおいしいですよ。

エネルギー	たんぱく質	脂質	炭水化物	食塩相当量
299kcal	20.0g	21.8g	5.1g	1.6g

免疫力アップ

これを使いました！
あけぼの あさり水煮
［固形量65g・内容総量130g］

あさりと焼き麩の卵焼き

あさりのうまみたっぷりの缶汁を
吸った花麩がお花みたいでかわいいんです。

材料(2人分)
あさり水煮 ……………………… 1缶(約130g)
焼き麩(花麩) ……………………… 6g(6個)
三つ葉 ……………………………………… 10g
卵 ………………………………………… 2個
みりん …………………………………… 小さじ1
サラダ油 ………………………………… 小さじ1

作り方
1 ボウルに缶汁ごとあさりを入れ、その中に焼き麩を入れてやわらかくもどしておく。三つ葉はざく切りにする。
2 卵は割りほぐしてみりんを混ぜ、1を加えて混ぜる。
3 フライパンにサラダ油を熱し、2を流し入れ、両面ともこんがり焼く。

Point
乾物は、缶詰と同じくストックしておける便利食材です。このレシピではあさりの缶汁で焼き麩をもどしているので水は不要です。

エネルギー	たんぱく質	脂質	炭水化物	食塩相当量
158kcal	16.4g	8.5g	5.5g	1.4g

ヤングコーン入り豆乳スープ

材料(1人分)
ヤングコーン ……………………………… 2本
A 調整豆乳 ……………………… 3/4カップ
　 おろししょうが ……………………… 少々
　 塩麹 ………………………………… 小さじ1
　 塩 …………………………………… 少々
ごま油 ……………………………………… 少々
お好みで小ねぎ(万能ねぎ) ……… 適宜

これを使いました!
リバークワイ　ヤングコーン
[内容総量210g]

作り方
1 ヤングコーンは縦半分に切る。
2 大きめのマグカップに1とAを入れて電子レンジで1分半加熱する。
3 仕上げにごま油を加え、お好みで小口切りにした小ねぎを散らす。

エネルギー	たんぱく質	脂質	炭水化物	食塩相当量
108kcal	5.1g	5.4g	9.8g	0.7g

免疫力アップ

ひじきのアンチョビ炒飯

開けたらすぐに食べられるひじきの缶詰は
とっても便利。たっぷりひじきを召し上がれ。

これを使いました！

アヲハタ　アンチョビーフィレー
［固形量30g・内容総量45g］
はごろも　しっとりひじき
［内容量110g］

■ 材料（2人分）

アンチョビ（フィレ）	1/2缶（6切れ）
ひじき（ドライ）	1缶（約110g）
醤油	小さじ1弱
ごま油	小さじ1
ご飯	茶碗2杯
削り節	1袋（2.5g）
小ねぎ（万能ねぎ）	大さじ1

● 作り方

1. 缶汁をきったアンチョビは粗みじん切りにする。ひじきは醤油と合わせて混ぜておく。
2. フライパンにごま油を熱し、1を炒める。ひじきがパラパラになったらご飯を加えて炒め合わせ、最後に削り節を入れて炒める。
3. 器に盛って小口切りにした小ねぎをのせる。

Point

ひじきは鉄分が豊富なので、免疫力アップに加え貧血予防にもおすすめです。たんぱく質（アンチョビ）やビタミンC（小ねぎ）と一緒にとると、吸収率がアップします。

エネルギー	たんぱく質	脂質	炭水化物	食塩相当量
312kcal	6.9g	4.8g	59.7g	2.2g

コンビーフとキムチの春巻

コンビーフとキムチ、個性的な味の組み合わせ。
コーンと大葉であっさりと食べられます。

これを使いました！

アヲハタ　十勝コーン ホール
[固形量130g・内容総量190g]
ノザキ　脂肪分ひかえめコンビーフ
[内容量100g]

材料（4人分／8本）

コーン（ホール）	1缶（約190g）
コンビーフ	1缶（約100g）
マヨネーズ	大さじ1
春巻の皮	8枚
大葉	8枚
白菜キムチ	50g
オリーブ油	大さじ1+大さじ1
お好みで 香菜（シャンツァイ）	適宜

作り方

1. コーンは缶汁をよくきり、コンビーフ、マヨネーズと混ぜ合わせて8等分しておく。
2. 春巻の皮に大葉1枚を敷き、その上に水分をきった白菜キムチ1/8と1をのせる。左右の皮を折り込んで手前からくるくる巻き、巻き終わりに水（分量外）を塗ってとめる。残りも同様に巻く。
3. フライパンにオリーブ油大さじ1を熱し、2を焼く。焼き色がついたら裏返し、オリーブ油大さじ1を回しかけて、さらにこんがり揚げ焼きにする。お好みで香菜を添える。

Point
鉄分の多いコンビーフと、鉄分の吸収を助けるビタミンCが豊富な大葉、発酵食品のキムチの組み合わせで免疫力アップ。

エネルギー	たんぱく質	脂質	炭水化物	食塩相当量
116kcal	4.4g	5.6g	11.8~12.1g	0.6g

＊1本分の栄養価です

免疫力アップ

これを使いました！
あけぼの　あけぼのさけ
[内容総量90g]

鮭と野菜の石狩鍋

鮭缶ならめんどうな魚の下ごしらえいらず。
うまみのしみ出た缶汁も余さず使って。

Point
鮭缶なら骨まで食べられるので、生鮭を使うよりたくさん栄養をとれます。鮭に含まれる抗酸化物質アスタキサンチンと発酵食品のみそで抗酸化力も高まります。

エネルギー	たんぱく質	脂質	炭水化物	食塩相当量
268kcal	17.0g	13.6g	21.0g	1.0g

材料（1人分）

鮭水煮	1缶（約90g）
じゃがいも	50g
人参	20g
大根	50g
白菜	50g
しめじ	20g
長ねぎ	30g
水	1カップ
A ┌ みそ	小さじ1
│ みりん	小さじ1
└ 酒	小さじ1
バター	5g

作り方

1. じゃがいもは皮をむいて2等分に切り、人参は大きめの乱切り、大根は皮をむいて半月切り、白菜は食べやすくざく切りにする。しめじは石づきを落として小房に分け、長ねぎは1cm幅の斜め切りにする。
2. 鍋（あれば一人用の土鍋）に水を入れ、*1*を入れて火にかける。約15分煮て野菜がやわらかくなったら*A*を加え、鮭水煮を缶汁ごと入れて約5分煮る。出来上がりにバターをのせる。

Soup & Sweets

チーズ入りみかん大福

材料（4個分）

みかん	8粒
ゆであずき	80g
プロセスチーズ	15g
白玉粉	100g
水	2/3カップ
砂糖	大さじ3
片栗粉	適量

これを使いました！

はごろも　朝からフルーツみかん
[固形量100g][内容総量190g]

はごろも　ゆであずき
[内容量190g]

作り方

1. みかんは缶汁をきり、プロセスチーズは4等分にする。あずきを4等分にし、チーズとみかんを入れてあん玉を用意しておく。
2. 耐熱容器に白玉粉と水を入れて泡だて器でよく混ぜ、砂糖を加えてさらに混ぜる。
3. *2*にラップをかけて電子レンジで1分30秒加熱する。とり出して、ぬらした木べらかゴムベラで全体をかき混ぜ、ふたたびラップをして40秒加熱し、さらに力いっぱい練る。
4. 水（分量外）をはったボウルに*3*の生地を入れ、手で4等分にちぎる（熱いので注意）。
5. 手をぬらし、*4*の生地を円形にのばして*1*をのせ、端を閉じて丸い形にする。バット全体に片栗粉をひろげ、その上で生地に粉をまぶしながら形をととのえる。

エネルギー	たんぱく質	脂質	炭水化物	食塩相当量
194kcal	3.2g	1.3g	41.6g	0.1g

*1個分の栄養価です

免疫力アップ

焼き鳥とにら納豆のスタミナ丼

にらと納豆は相性のいい組み合わせ。
とてもかんたんで栄養価の高い一品です。

これを使いました！

ホテイフーズ　やきとり たれ味
[内容総量85g]

材料(2人分)

焼き鳥(たれ)	1缶(約80g)
にら	40g
納豆	1パック(40g)
醤油	小さじ1強
ごま油	小さじ1
温かいご飯	茶碗2杯
温泉卵(市販可)	2個

作り方

1. にらは2cm長さに切り、納豆、醤油、ごま油と混ぜておく。
2. 丼に1人分のご飯を盛り、2等分した*1*と焼き鳥を缶汁ごとのせ、温泉卵1個をのせる。もう一皿も同様に盛りつける。

Point
卵は温泉卵の代わりに生卵でもOK。免疫力アップのためには、黄身だけでなく白身も一緒にいただきましょう。

エネルギー	たんぱく質	脂質	炭水化物	食塩相当量
463kcal	21.4g	12.6g	62.8g	1.2g

いわしと納豆の梅しそ巻き

お酒のおつまみにおすすめ。
ご飯にのせてもおいしいですよ。

これを使いました！
マルハ　いわし蒲焼
[固形量80g・内容総量100g]

材料(10個分)

いわしかば焼き	1缶(約100g)
梅干し	大きめ1粒
納豆	1パック(40g)
削り節	1パック(2.5g)
大葉	10枚

作り方

1. 梅干しは種を除いて包丁でこまかくたたき、缶汁をきったいわしかば焼き、納豆、削り節とよく混ぜる。
2. 1を10等分にし、スプーンで大葉にのせて包む。

Point
鉄やビタミンB群などが豊富ないわしですが、抗酸化力が高いビタミンCが含まれていないので、ビタミンCたっぷりの大葉と一緒にとると免疫力アップに効果的。

エネルギー	たんぱく質	脂質	炭水化物	食塩相当量
32kcal	2.7g	1.7g	1.6g	0.3g

*1個分の栄養価です

免疫力アップ

さばのみそ煮と根菜のマヨ炒め

ヨーグルトのさわやかな酸味で
みそ味にコクと風味をプラス。

これを使いました！

マルハ　さばみそ煮 月花
[固形量150g・内容総量200g]

Point
マヨネーズだけで味付けするより、半量をヨーグルトにすることでカロリーダウンなのにコクが増します。

エネルギー	たんぱく質	脂質	炭水化物	食塩相当量
295kcal	18.9g	13.2g	27.1g	1.2g

材料(2人分)

さばみそ煮	1缶(約200g)
れんこん	100g
人参	60g
ごぼう	100g
いんげん	60g
サラダ油	小さじ1
A [ヨーグルト	小さじ1
A [マヨネーズ	小さじ1

作り方

1. れんこんは皮をむき5mm厚さの半月切りに、人参は皮をよく洗い薄めの半月切りに、ごぼうも皮をよく洗い斜め薄切りにする。いんげんは食べやすい大きさに切る。
2. フライパンにサラダ油を熱し、*1*をじっくり炒める。野菜に火が通ったら、さばみそ煮を缶汁のまま加える。
3. *A*を合わせ、*2*に加えて炒める。

MAYU'S ADVICE 1 　魚の缶詰は用途によって賢く使い分けを

スーパーの缶詰売り場には、「水煮」「みそ煮」「かば焼き」「塩焼き」などさまざまな調理名の魚の缶詰がズラリと並んでいます。

水煮やみそ煮などの「煮もの系」は、円筒形の缶にぶつ切りにした魚とともに水分がたっぷり入っています。身は箸でつつけばほぐれるやわらかさ。うまみたっぷりの缶汁ごと、煮ものなどの料理に活用してみてください。

一方、塩焼きやかば焼きなどの「焼きもの系」は、平たい缶が主流です。しっかりした身の固さがあり、水分はあまり多くありません。あえものやサラダの具にするなど、身を崩さずに使いたい料理に重宝します。

さんま水煮
丸い筒状のパッケージ。塩だけで煮たシンプルな煮汁には、魚のだしがたっぷり。一口大にカットしてあるので手間いらず。汁ごと利用しましょう。

さんまかば焼き
四角く平たいパッケージ。メーカー特製のたれで漬け焼きにしています。身がしっかりしまって歯ごたえがいい缶詰。たれも料理の味付けにいかして。

免疫力アップ

ひよこ豆の塩麹オムレツ

ほっくりした豆の食感と
塩麹のまろやかな塩味がやさしい。

これを使いました！

いなば　毎日サラダ ガルバンゾ（ひよこ豆）
[内容総量100g]
明治屋　MY 国産マッシュルーム
[内容総量85g]

材料(2人分)
ひよこ豆（ドライ）	1/2缶（約50g）
マッシュルーム（スライス）	1缶（約80g）
ピーマン（お好みで赤・緑）	合計60g
卵	2個
塩麹	小さじ1
オリーブ油	小さじ1
にんにく（みじん切り）	小さじ1/2
お好みでベビーリーフ	適宜

作り方

1. ピーマンは種とへたをとり除き、細切りにする。
2. 卵を割りほぐし、塩麹を混ぜておく。
3. フライパンにオリーブ油を熱し、にんにくを炒め、ひよこ豆、缶汁をきったマッシュルーム、1を炒める。半量をとり出しておく。
4. 3のフライパンに2の卵の半量を流し入れ、オムレツの形にととのえながら焼く。1つ完成したらフライパンをきれいにして、2、3の残りで同様に焼く。お好みでベビーリーフを添える。

Point

塩麹は塩味、甘み、うまみの三拍子そろった発酵調味料。老化の原因となる活性酸素を抑えて免疫力を高め、新陳代謝を促進するなどの効果が期待されています。

エネルギー	たんぱく質	脂質	炭水化物	食塩相当量
147kcal	9.4g	8.2g	8.0g	0.7g

アボカドの和風ピンチョス

さんまとぬか漬け。驚きのとり合わせは
食べても驚きのおいしさ！

これを使いました！
ニッスイ　さんま塩焼き
[内容総量75g]

材料（10個分）

さんま塩焼き	1缶（約70g）
アボカド	1/2個（正味100g）
A　おろしにんにく	小さじ1/2
醤油	小さじ1/2
プチトマト	5個
ぬか漬けきゅうり	10cm

作り方

1　さんま塩焼きは缶汁をきり、全部で10片になるように切る。アボカドは皮と種をとり、果肉をボウルに入れてスプーンなどでつぶし、Aで味をととのえる。プチトマトは洗ってへたをとり、半分に切る。ぬか漬けきゅうりは1cm厚さの輪切りにする。

2　1のぬか漬け1切れの上にさんま塩焼き1切れ、アボカドの1/10量、プチトマト1/2個の順にのせ、ピックを刺す。残りも同様に作る。

Point
ぬか漬けは善玉菌のえさとなる乳酸菌が多く、カルシウム、鉄、食物繊維などの栄養素が豊富な優れた発酵食品です。

エネルギー	たんぱく質	脂質	炭水化物	食塩相当量
45kcal	1.9g	3.6g	1.7g	0.6g

＊1個分の栄養価です

疲労回復をサポートする缶詰レシピ

あなたの疲れはどのタイプ？

　病名はつかないものの、全身に倦怠感を感じたり、やる気が出なかったり、肩こりがひどい、食欲がないなどのいわゆる「疲れ」を感じるときはあるものです。

　おおまかに分けると、疲労は運動や肉体労働などによって全身の疲れを感じる「肉体疲労」と、ストレスや精神的な疲れが原因で起こる「精神的疲労」があります。夏の暑さによって食欲減退やだるさを感じる「夏バテ」も疲労のひとつ。

　疲労の原因は人それぞれ違いますが、どの疲労もほうっておくと免疫力が低下してしまいます。疲労は人によって感じ方が異なるため、知らないうちにがまんしすぎて体を壊すということにもなりかねません。疲労を感じたら、まずは休息を。疲労は心身の異常を伝えてくれる大切なシグナルです。

肉体疲労に効く食材

　体がだるく疲れたときの疲労回復には、スタミナをつけるたんぱく質と、たんぱく質の代謝を高めるビタミン B_6 を積極的にとってください。肩こりや筋肉痛などの肉体疲労は筋肉の血流が悪くなり乳酸がたまることで起こるので、乳酸をつくらないようにする酢や柑橘類、梅干しなどに含まれるクエン酸と、血行をよくするビタミンEをとりましょう。糖質からエネルギーをつくり出すときに働くビタミン B_1 は体を元気にし、体内に乳酸などの疲労物質がたまるのを防ぎます。また精神を安定させる作用もありますので、心身ともに疲労回復の改善に役立ちます。

精神的疲労、夏バテに効く食材

　イライラするときは、精神を安定させるビタミン B_1 を含んだ豚肉、レバー、大豆を。カルシウムにも同様の働きがあるので、牛乳や乳製品、魚介類などを積極的にとりましょう。心身の疲労回復にともに効果的なのは、免疫力をアップさせ、抗酸化作用がある $β$ –カロテン、ビタミンC、ビタミンEが豊富な食べもの。緑黄色野菜、うなぎ、レバー、ツナ、ナッツ類などがおすすめです。

　夏バテには十分な休養と栄養補給が大切。ビタミンやたんぱく質の不足も夏バテを招くため、食事は豚肉や大豆・魚、野菜などいろいろな食品をバランスよくとり、香辛料や柑橘類を上手に利用して食欲増進をはかりましょう。

酢
クエン酸にはカルシウムやマグネシウムの吸収率をアップする働きも。

削り節
肉体疲労を改善するアンセリン、脳疲労を改善するイノシン酸を含む。

にんにく
香り成分のアリシンは、ビタミン B_1 の吸収を高め、体を元気にします。

かに／あさり
かにやあさりに豊富なタウリンは、肝臓の働きを活発にして疲労回復に効果的。

みそ
たんぱく質やビタミン B_1 が豊富。

ほかにもあります！ 疲労に効く食材いろいろ

ビタミン B_1 を多く含む食品　豚肉、うなぎ、玄米、そば、大豆など
ビタミン B_6 を多く含む食品　レバー、鶏ささ身、さば、アボカド、さつまいもなど
クエン酸を多く含む食品　レモン、グレープフルーツ、いちご、酢、梅干しなど

疲労回復

これを使いました！
マルハ　いわし蒲焼
[固形量80g・内容総量100g]

いわしつくねのアスパラ巻き

かわいい姿に子どもも大喜び。
パーティーやお酒のおつまみにも。

エネルギー	たんぱく質	脂質	炭水化物	食塩相当量
330kcal	20.8g	17.7g	22.8g	1.6g

材料（1人分2本）

いわしかば焼き	1缶（約100g）
アスパラガス	太め2本
長ねぎ	50g
大葉	2枚
削り節	1パック（2.5g）
片栗粉	大さじ2
サラダ油	小さじ1

作り方

1. いわしかば焼きは缶汁をきっておく。アスパラガスは根元を切り落とし、下のかたい皮をむき、水けをキッチンペーパーでふいておく。長ねぎと大葉はみじん切りにする。
2. アスパラガス以外の1と削り節、片栗粉を入れて粘りが出るまでよく混ぜる。
3. アスパラガスの中央部分を包むように2のつくねを付けていく。
4. フライパンにサラダ油を熱して、3のつくねを焼き、全体に焼き色がついたらふたをしてじっくりアスパラガスの芯まで火を通す。

Point アスパラガスのアスパラギン酸は新陳代謝をよくし、疲労回復を促進する効果が。汁けが残っているとつくねが崩れやすいので、缶汁はしっかりきってください。

炊飯器で作る！ フルーツ缶のチーズケーキ

材料（5合炊飯器1台分）

フルーツミックス	1缶（約190g）
クリームチーズ	200g
砂糖	50g
卵	1個
牛乳	1/4カップ
レモン汁	大さじ1

これを使いました！
はごろも 朝からフルーツミックス
［固形量100g・内容総量190g］

作り方

1. フルーツミックスは缶汁をきっておく。クリームチーズは室温に戻しておく。
2. ボウルに1のクリームチーズと砂糖を入れ、泡だて器でよく練ってなめらかにし、割りほぐした卵、牛乳、レモン汁を少しずつ加えて混ぜ合わせる。
3. 炊飯器の内釜に2を入れ、1のフルーツミックスを表面に散らして、スイッチを入れる。
4. 炊飯コースが終わったらスイッチを切り、そのまましばらく冷ます。あら熱がとれたらとり出し、スプーンなどでとり分ける。

エネルギー	たんぱく質	脂質	炭水化物	食塩相当量
1091kcal	24.8g	73.1g	81.3g	1.7g

＊出来上がり総量の栄養価です

疲労回復

あさりのキムチヂミ

うまみたっぷりのあさりのだしを吸った
もっちもちの生地はやみつきになるおいしさ。

これを使いました！

あけぼの　あさり水煮
[固形量65g・内容総量130g]

材料(2人分)

あさり水煮	1缶(約130g)
白菜キムチ	30g
じゃがいも	50g
薄力粉	30g
ごま油	小さじ1

作り方

1. 白菜キムチはざく切りにし、じゃがいもはすりおろす(水分は切らずに使用する)。
2. ボウルに 1、薄力粉、あさりを缶汁ごと加えてよく混ぜる。
3. フライパンにごま油を熱し、2 を流し入れて薄く広げ、全体に焼き色がついたら裏返し、両面とも色よく焼く。食べやすい大きさに切る。

Point
あさりは鉄分を多く含むうえ、造血効果があり体内で合成できないビタミン B_{12} が含まれているので、疲労回復に加え貧血予防にもおすすめです。

エネルギー	たんぱく質	脂質	炭水化物	食塩相当量
146kcal	8.4g	3.6g	19.4g	1.5g

鮭とかぼちゃのみそグラタン

みその風味とチーズのコクで味わう即席グラタン。
出来立ての熱々をふ〜ふ〜してね。

これを使いました！

あけぼの　あけぼのさけ
［内容総量90g］
アヲハタ　十勝　コーン ホール
［固形量130g・内容総量190g］

材料（1人分）

鮭水煮	1缶（約90g）
コーン（ホール）	1/2缶（約100g）
かぼちゃ	100g
A ┌ シュレッドチーズ	30g
｜ 調整豆乳	大さじ2
└ みそ	小さじ1/2
お好みでパセリ（みじん切り）	適宜

作り方

1. 鮭水煮とコーンはそれぞれ缶汁をきっておく。かぼちゃは種とワタをとり、皮つきのまま1cm厚さに切って、ラップをして電子レンジで3分加熱する。
2. 小さめの耐熱容器に A を入れ、ラップをして電子レンジで1分加熱し、チーズがやわらかくなったところで混ぜる。
3. グラタン皿に 1 のかぼちゃを入れ、コーン、鮭水煮の順に重ね入れ、2 のソースをかけてオーブントースターで焦げ目がつくまで焼く。お好みでパセリを散らす。

Point
かぼちゃはビタミン、ミネラル、食物繊維が豊富で疲労回復に効果的。美肌効果や風邪予防も期待できます。

エネルギー	たんぱく質	脂質	炭水化物	食塩相当量
415kcal	25.8g	18.8g	35.5g	1.9g

疲労回復

チリコンカン トルティーヤ添え

サワークリームの酸味とコクで
ミートソースに深みをプラス。

これを使いました！

カゴメ　完熟トマトのミートソース
［内容量295g］
いなば　毎日サラダ ミックスビーンズ
［内容量110g］

Point
豆は炭水化物、たんぱく質、ビタミン、ミネラルをバランスよく含み、食物繊維やポリフェノールなどの機能性成分も豊富です。手軽な缶詰を活用しましょう。

エネルギー	たんぱく質	脂質	炭水化物	食塩相当量
421kcal	13.8g	13.3g	60.9g	3.3g

材料(2人分)

ミートソース	1缶(約300g)
ミックスビーンズ(ドライ)	1缶(約110g)
オリーブ油	小さじ1
玉ねぎ(みじん切り)	50g
にんにく(みじん切り)	小さじ1
A シュレッドチーズ	20g
A チリパウダー	小さじ1/2
トルティーヤ(市販)	4枚
サワークリーム	適量
サニーレタス	4枚

作り方

1. 鍋にオリーブ油を熱し、玉ねぎとにんにくをじっくり炒める。ミートソースとミックスビーンズを加え、グツグツいうまで煮る。
2. 1にAを加えて混ぜ合わせる。
3. 器に盛り、温めたトルティーヤ、サワークリーム、サニーレタスを添える。

マッシュルームとオクラのスープ

材料(1人分)

マッシュルーム(スライス)	大さじ1
オクラ	2本
醤油	少々
お湯	3/4カップ
顆粒だし	小さじ1/3
刻みのり	適量

これを使いました！
明治屋 MY 国産マッシュルーム
[内容総量85g]

作り方

1. オクラは塩少々(分量外)でこすり、水洗いしてから小口切りにして、大きめのマグカップに入れる。醤油を加えて混ぜる。
2. 1に缶汁をきったマッシュルーム、お湯、顆粒だしを入れて電子レンジで1分半加熱する。
3. 仕上げに刻みのりを散らす。

エネルギー	たんぱく質	脂質	炭水化物	食塩相当量
11kcal	1.1g	0g	2.3g	0.7g

疲労回復

ツナピーおかかご飯 半熟卵のせ

削り節と醤油が香ばしくてご飯がすすむ！
ヘルシーな和風ガパオ。

これを使いました！

いなば　ライトツナスーパーノンオイル
［内容量70g］

材料(2人分)

ツナ(ノンオイル・フレーク)	1缶(約70g)
ピーマン(お好みで赤・緑)	合計60g
半熟卵	1個
サラダ油	小さじ1
削り節	1袋(2.5g)
醤油	大さじ1
ご飯	茶碗2杯

作り方

1. ピーマンは種とへたをとり、5mm幅の細切りにする。半熟卵は横半分に切る。
2. フライパンにサラダ油を熱し、1のピーマンを炒める。火が通ったら缶汁をきったツナ、削り節、醤油を加えて炒める。
3. 1人分のご飯を器に盛りつけ、2等分した2と1の半熟卵をのせる。もう1皿も同様に盛りつける。

ツナに含まれるイミダペプチドには、抗疲労や抗酸化作用があります。胃に負担をかけないノンオイルタイプのツナは食欲減退時におすすめです。

エネルギー	たんぱく質	脂質	炭水化物	食塩相当量
354kcal	14.6g	5.7g	58.1g	1.7g

コンビーフの韓国風手巻きサラダ

ピリ辛コンビーフにとろ〜り温玉をからめて
ユッケみたいにサンチュで包みます。

これを使いました！

ノザキ 脂肪分ひかえめコンビーフ
[内容量100g]

材料(2〜4人分)

コンビーフ	1缶(約100g)
A ┌ ごま油	小さじ1
┃ コチュジャン	小さじ1/2
└ おろしにんにく	少々
きゅうり	1本
サンチュ	適量
温泉卵	1個

作り方

1. 耐熱容器にコンビーフとAを入れて電子レンジで30秒加熱して混ぜておく。きゅうりは千切りに、サンチュは洗って水けをきる。
2. 器に1のコンビーフを盛りつけ、上に温泉卵をのせる。サンチュときゅうりを添える。食べるときにコンビーフと温泉卵を混ぜ、きゅうりとともにサンチュに包んでいただく。

サンチュはビタミンAとカルシウムが豊富。ほかにビタミンC、ビタミンE、食物繊維、鉄分、カリウムなども含む栄養たっぷりの健康野菜です。

エネルギー	たんぱく質	脂質	炭水化物	食塩相当量
271kcal	26.6g	16.2 g	3.4〜5.9g	2.2g

＊出来上がり総量の栄養価です

疲労回復

鶏ささ身のバインミー

ベトナムの屋台で売っているサンドイッチ。
レバーペーストと香菜(シャンツァイ)が決め手！

これを使いました！

いなば　とりささみフレーク低脂肪
[内容量80g]
LIVER WURST Spread（レバーペースト）
[内容量120g]

材料(1人分)
鶏ささ身（フレーク）	約20g
レバーペースト	約20g
チャバタ・フランスパンなど お好みのパン	約15cm
バター	10g
ザワークラウト（市販）	20g
香菜	適量

作り方
1. 鶏ささ身は缶汁をきっておく。
2. パンは横半分に切り目を入れてバターを塗り、トースターで焼く。
3. 2にレバーペーストを塗り、1、ザワークラウト、香菜をはさむ。

ザワークラウトが手に入らなければ、なますやピクルスで代用してもおいしく作れます。

エネルギー	たんぱく質	脂質	炭水化物	食塩相当量
447kcal	15.0g	16.4g	58.7g	2.8g

＊フランスパン100gを使用した場合の栄養価です

牛肉大和煮とチンゲン菜のスープ煮

そのままでもおいしい牛肉大和煮の缶汁に
しょうがと豆板醤(トウバンジャン)で香りと風味を加えました。

これを使いました！

ノザキ　牛肉大和煮
[固形量55g・内容総量90g]

材料(2人分)

牛肉大和煮	1缶(約90g)
チンゲン菜	1株
水	大さじ2
おろししょうが	少々
豆板醤	少々

作り方

1. チンゲン菜は根元をよく洗い、縦4つ割りにする。
2. 鍋に1、牛肉大和煮を缶汁ごと入れ、水、おろししょうがを加えて火にかける。チンゲン菜に火が通ったら器に盛り、豆板醤をのせる。

Point
もともと火が通っている大和煮なので、チンゲン菜に火が通ればOKの時短料理です。

エネルギー	たんぱく質	脂質	炭水化物	食塩相当量
65kcal	7.2g	0.5~2.2g	6.5g	1.1g

疲労回復

にらたっぷりのさばみそ餃子

さばみそ煮がベースのさっぱり餃子。
おいしくていくつでも食べられちゃう！

これを使いました！

マルハ　さばみそ煮 月花
[固形量150g・内容総量200g]

材料（20個分）

さばみそ煮	1缶（約200g）
にら	50g
A ┌ コチュジャン	小さじ1
おろししょうが	小さじ1
└ ごま油	小さじ1
餃子の皮	1袋（20枚）
サラダ油	大さじ1

作り方

1. にらは1cm長さのざく切りにする。
2. ボウルに 1、缶汁をきったさばみそ煮、A を入れてよく混ぜ、20等分にする。
3. 餃子の皮の中央に 2 をのせ、皮の周囲に水少々（分量外）を付け、端からつまむようにしてひだをよせて包んでいく。
4. フライパンにサラダ油を熱し、餃子10個を並べ2分焼いて焼き色をつけたら、水1/4カップ（分量外）を注いでふたをし、弱火で3分蒸し焼きにする。ふたをとって強火にし、水分をとばしてパリっとするまで焼く。残りの10個も同じように焼く。

Point
さばみそ煮の味を利用しているので調味料いらず。たれとしてお酢かラー油をつければ疲労回復効果が高まり、味のアクセントにもなります。

エネルギー	たんぱく質	脂質	炭水化物	食塩相当量
42kcal	2.1g	2.0g	3.7g	0.2g

＊1個分の栄養価です

ほたての冷製パスタ

上品なほたての塩味と
らっきょうやトマトの酸味でさっぱりと。

これを使いました！

マルハ ほたて貝柱（割り身）
[固形量45g・内容総量70g]

材料（1人分）

ほたて貝柱水煮（割り身）	1缶（約70g）
らっきょう甘酢漬け	20g
トマト	1個
モッツァレラチーズ	50g
バジル	適量
スパゲティ	80g
A　オリーブ油	小さじ1
レモン汁	小さじ1
塩・黒こしょう	各少々

作り方

1. らっきょう甘酢漬けはあらみじん切りに、トマトとモッツァレラチーズは一口大に切る。バジルはざく切りにする。
2. スパゲッティを表示通りにゆで、水にとって冷やし、ざるで水けをきる。
3. ボウルに1のらっきょう、ほたてを缶汁ごと、Aを加えて混ぜ、2を加えてからめる。
4. 3に1のトマト、モッツァレラチーズ、バジルを加えて全体をざっくり混ぜる。

カルシウムや鉄分が豊富で低脂肪、消化がよいほたては疲れたときにおすすめの食材です。肝機能を強化するタウリンがとれるのもうれしい。

エネルギー	たんぱく質	脂質	炭水化物	食塩相当量
598kcal	27.7g	19.6g	74.2g	2.2g

缶詰の残りでもう一品
変わり冷奴

さんま塩焼き *10*
+
削り節 *1*
+
ごま油 *2*
+
刻みねぎ *2*

ツナ *5*
+
ぬか漬け *2*
+
オリーブ油 *1*

いわしかば焼き *2*
+
刻んだキムチ *1*

さんま塩焼きをほぐし、ほかの材料と混ぜ合わせる。

豆腐の上に薄切りにしたぬか漬けとツナをのせ、オリーブ油をかける。

いわしかば焼きをほぐし、キムチを加えて混ぜ合わせる。

これを使いました！

ニッスイ　さんま塩焼き
[内容総量75g]

これを使いました！

いなば　ライトツナスーパーノンオイル
[内容量70g]

これを使いました！

マルハ　いわし蒲焼
[固形量80g・内容総量100g]

ちょこっとだけ残った缶詰、どうしてますか？
活用しないなんてもったいない！
発酵食品を加えたヘルシートッピングで冷奴を作りましょう。

＊ 材料に付記してある数字は、混ぜる際のかさの比率です。

鶏ささ身 *3*
＋
刻んだザーサイ *2*
＋
マヨネーズ *1*

ほたて貝柱 *10*
＋
コチュジャン *1*
＋
ごま油 *2*

さばみそ煮 *20*
＋
豆板醤 *1*
＋
きゅうり千切り *10*

材料をすべて混ぜ合わせる。お好みで大葉を敷く。

材料をすべて混ぜ合わせる。

さばみそ煮は豆板醤と混ぜ合わせ、きゅうりの上にのせる。

これを使いました！

いなば　とりささみフレーク低脂肪
[内容総量80g]

これを使いました！

マルハ　ほたて貝柱（割り身）
[固形量45g・内容総量70g]

これを使いました！

マルハ　さばみそ煮 月花
[固形量150g・内容総量200g]

筋力アップ

筋力アップを応援する缶詰レシピ

たんぱく質だけ食べていても筋肉にはならない

　筋肉をつけたければ「プロテイン（＝たんぱく質）」をとるといいということは、みなさんよくご存じのようです。しかし、ただたんぱく質をたくさん食べればいいというものではありません。

　たんぱく質は、20種類のアミノ酸で構成されています。そのうち体内で合成できない9種類を必須アミノ酸と呼びます。必須アミノ酸が1種類でも不足すると、せっかく食べても有効に活用されません。ですから、アミノ酸がバランスよく含まれた動物性や植物性のたんぱく質を意識してとることが大切なのです。鮭、牛肉、鶏肉、豚肉、卵、牛乳などの動物性たんぱく質は必須アミノ酸すべてを十分に含む良質な食材です（P121も併せてお読みください）。

　一方、植物性たんぱく質は何らかの必須アミノ酸が不足しています。たとえば米にはリジンという必須アミノ酸がありませんが、納豆や豆腐を食べることによって補うことができ、米のアミノ酸が十分に活用されるようになります。米に大豆の発酵食品を組み合わせる和食は、とても理にかなっているのです。

たんぱく質と一緒にとりたい栄養素

　じゃがいもに含まれるビタミンのパントテン酸には、糖質と脂質の代謝を助けてエネルギーにする働きがあります。豚肉などと一緒にとると体を疲れにくくし、スタミナアップが期待できます。

　ビタミンB_2は、糖質、脂質、たんぱく質を分解してエネルギーに変わるのを助ける働きをします。筋肉アップにはたっぷりとってほしい栄養素。レバーやうなぎ、さば、さんま、牛乳、納豆などに含まれます。

　ビタミンB_6は、たんぱく質の分解と再合成に欠かせません。レバーや鶏ささ身、かつお、まぐろ、鮭などに多く含まれていますので、手軽な缶詰を有効活用しましょう。

　炭水化物は運動するためのエネルギーとなります。不足すると筋肉中のたんぱく質を分解してエネルギー源として補給してしまうので、いくらトレーニングをしても筋肉がつきにくくなります。

　筋持久力を高める有酸素運動には、酸素を血液にのせて体全体に送る鉄も重要です。

　カルシウムや鉄も大量に汗をかくと消失されるのでたっぷりとりましょう。

鶏ささ身
脂肪が少なく消化がいいささ身は、たんぱく質の補給に最適。ビタミン B_6 も多い。

じゃがいも
でんぷんが主成分で運動時のエネルギー源に。ビタミンCやカリウム、パントテン酸も豊富。

牛肉大和煮
良質なたんぱく質。吸収されやすい鉄も豊富。

チーズ
良質なたんぱく質、脂質、カルシウム、ビタミン B_2 が豊富。

オクラ
ムチンが動物性たんぱく質の消化、吸収を助け、代謝を高めて元気アップ。

トマト
アミノ酸バランスにすぐれたトマトには、強力な抗酸化作用も！

ほかにもあります！　筋肉をつくる食材いろいろ

動物性たんぱく質を多く含む食品　ツナ、ほたて、さば、かつお、鶏むね肉、砂肝など
植物性たんぱく質を多く含む食品　小麦粉、焼き麩、湯葉、きなこ、ピーナッツなど
鉄を多く含む食品　レバー、あさり、納豆、ひじき、小松菜など

筋力アップ

ウインナー入りベジパンケーキ

ホットケーキミックスにヨーグルトを加えて
しっとりした生地に仕上げました。

これを使いました！

ノザキ　ウインナーソーセージ［固形量105g］
アヲハタ　十勝コーン ホール
　　　　　　　［固形量130g・内容総量190g］
ギャバン ブラックオリーブ(種抜き)［内容量170g］

■ 材料（作りやすい分量／2～4人分）

ウインナー	1缶(約100g)
コーン（ホール）	1缶(約190g)
ブラックオリーブ	8粒
ピーマン（お好みで赤・緑）	合計60g
卵	1個
ヨーグルト	100g
ホットケーキミックス	100g
サラダ油	小さじ1
お好みでプチトマト	適宜

作り方

1. ウインナーは缶汁をきって輪切りにする。コーンも缶汁をきっておく。ブラックオリーブは輪切りにする。ピーマンはへたと種をとり除き、小さめの角切りにする。
2. ボウルに卵とヨーグルトを入れてよく混ぜてからホットケーキミックスを加えて混ぜ、**1**を入れてさらに混ぜ合わせる。
3. フライパンにサラダ油を熱して**2**を円形に落として弱火で焼き、表面にプツプツ穴があいたら裏返す。竹ぐしを刺して生地がついてこなければ出来上がり。お好みでプチトマトを添える。

Point
たんぱく質、脂質、炭水化物、鉄、ビタミン類など筋力アップに必要な栄養が全部入ったオールインワン・メニューです！

エネルギー	たんぱく質	脂質	炭水化物	食塩相当量
948kcal	32.0g	33.7g	118.1g	5.1g

＊出来上がり総量の栄養価です

豆腐の韓国風コーンクリーム煮

やさしい口当たりですが、あと味ピリ辛。
ご飯にのせて丼にしてもおいしいです。

これを使いました！
アヲハタ　十勝コーンクリーム
[内容総量190g]

材料(2人分)

コーン(クリーム)	1缶(約190g)
木綿豆腐	1丁(200g)
ごま油	小さじ1
A｛ 白菜キムチ(みじん切り)	50g
ねぎ(みじん切り)	50g
しょうが(みじん切り)	大さじ1
B｛ 牛乳	1/2カップ
めんつゆ(3倍希釈)	小さじ1
お好みで小ねぎ(万能ねぎ)	適宜

作り方

1. 豆腐は水きりしておく。
2. 鍋にごま油を引き A を炒める。香りが出たらコーンクリームと B を加えてひと混ぜし、沸騰させないように温める。
3. 1の豆腐をスプーンですくい、崩しながら加えて豆腐の中までじっくり温める。器に盛りお好みで小口切りにした小ねぎを散らす。

絹豆腐より木綿豆腐のほうがカルシウムと鉄の含有量が多いので、筋力アップには木綿を選んでください。
大豆のサポニンは腸を刺激し便秘解消にもプラス。

エネルギー	たんぱく質	脂質	炭水化物	食塩相当量
241kcal	11.1g	9.7g	27.1g	1.4g

| 筋力アップ |

焼き鳥とグリンピースの卵とじ

甘辛だれの卵とじは
うどんやご飯にのせても。

これを使いました！

明治屋　MY 国産グリンピース
［内容総量85g］

ホテイフーズ　やきとり たれ味
［内容総量85g］

材料(1人分)

- 焼き鳥(たれ) ……………… 1缶(約80g)
- グリンピース ……………… 大さじ1(約15g)
- 人参 …………………………………… 30g
- 塩麹 …………………………………… 小さじ1/2
- ごま油 ………………………………… 小さじ1
- 卵 ……………………………………… 1個

作り方

1. 千切りにした人参とグリンピースをボウルに入れ、塩麹であえる。
2. 小さい鍋にごま油を熱し1を炒める。人参がしんなりしてきたら、焼き鳥を缶汁ごと加えてさらに炒める。
3. 卵を割りほぐして2に回し入れ、ふたをして好みのかたさになるまで火を通す。

Point
焼き鳥缶に味がしっかり付いているので、塩麹は少なめにしています。それでも味が濃いと感じる場合は、野菜や卵の量を増やして2人分にしてください。

エネルギー	たんぱく質	脂質	炭水化物	食塩相当量
289kcal	22.7g	15.1g	14.6g	1.8g

トマトの冷製ピリ辛スープ

材料(1人分)

- トマトジュース …… 1缶(約1カップ)
- ブラックオリーブ ……………………… 2粒
- A ｢きゅうり(みじん切り) ……… 20g
-   ｣おろしにんにく ……………… 少々
- オリーブ油 ……………………… 小さじ1
- タバスコ ………………………………… 少々

これを使いました！

カゴメ　トマトジュース
[内容量190g]
ギャバン
ブラックオリーブ(種抜き)
[内容量170g]

作り方

1. 器にトマトジュースを入れ、輪切りにしたブラックオリーブとAをすべて加え、よく混ぜて冷蔵庫で冷やす。
2. 器に盛り、オリーブ油とタバスコをかける。

エネルギー	たんぱく質	脂質	炭水化物	食塩相当量
102kcal	1.9g	6.5g	9.6g	0.9g

筋力アップ

いわしのトマトリゾット

トマトを用意しなくても
トマトリゾットができちゃう！

これを使いました！

あけぼの　いわしトマト煮
[固形量75g・内容総量100g]

材料(1人分)

いわしトマト煮	1缶(約100g)
ほうれん草	50g
ご飯	100g
水	1/4カップ
シュレッドチーズ	15g
オリーブ油	小さじ1/2

作り方

1. ほうれん草は色よくゆで、水けをしぼって4cm長さに切る。
2. 深めの耐熱皿にご飯を入れ、いわしトマト煮を缶汁ごと加え、水も加えて混ぜ合わせる。1とシュレッドチーズをのせ、オリーブ油を回しかけて電子レンジで2分加熱する。

いわし、ほうれん草ともに鉄分が多く含まれています。野菜の鉄分は体内で吸収されにくいので、デザートには吸収を助けるビタミンCが豊富な柑橘類を。

エネルギー	たんぱく質	脂質	炭水化物	食塩相当量
440kcal	21.8g	19.4g	42.8g	1.4g

さんまと長いものハンバーグ

大葉が香るかんたんおいしい
ヘルシーハンバーグ。

これを使いました！

ニッスイ　さんま塩焼き
[内容総量75g]

材料（2人分）

さんま塩焼き	1缶（約70g）
長いも	100g
大葉	10枚
A ┌ パン粉	大さじ2
│ 豆板醤	小さじ1/2
└ おろししょうが	少々
サラダ油	小さじ1
お好みのきのこ	適量
塩・こしょう	少々
プチトマト	適量

作り方

1. 長いもは皮をむき4〜5cm長さの千切りに、大葉も千切りにする。
2. ボウルに缶汁をきったさんま塩焼き、1とAを入れてよく混ぜる。2等分にしてハンバーグの形にととのえる。
3. フライパンにサラダ油を熱して2のハンバーグを両面焼く。きのこはサラダ油で炒めて塩・こしょうで調味する。
4. 器にハンバーグ、きのこソテー、半分に切ったプチトマトを添える。

Point
長いもを千切りにすると、ハンバーグがシャキシャキ食感に。どの魚の缶詰でもおいしくできますが、さんまの塩焼きは塩分が少ないのでおすすめです。

エネルギー	たんぱく質	脂質	炭水化物	食塩相当量
223kcal	10.9g	12.3g	17.4〜17.6g	0.7g

筋力アップ

鶏ささ身と納豆の中華サラダ

ねっとり、シャキシャキ、ポリポリ
いろんな食感をたのしんで。

これを使いました！

いなば　とりささみフレーク低脂肪
［内容総量80g］

材料(2人分)

鶏ささ身(フレーク)	1缶(約80g)
ザーサイ	20g
きゅうり	40g
納豆	1パック(40g)
ラー油	少々
お好みで白ごま	適宜

作り方

1. 鶏ささ身は缶汁をきる。ザーサイときゅうりは千切りにする。
2. 1と納豆、ラー油を混ぜ合わせて器に盛りつけ、お好みで白ごまを振る。

Point
生きたまま腸に届いて善玉菌として働く納豆菌は、よくかき混ぜることでうまみが増し、食感がよくなります。夜に食べると、睡眠中の血栓防止効果も。

エネルギー	たんぱく質	脂質	炭水化物	食塩相当量
68kcal	9.2g	2.1g	3.2g	1.9g

コンビーフとチーズのフリット

ふっくらやわらかフリットは
お弁当のおかずにもおすすめ。

これを使いました！

ノザキ　脂肪分ひかえめコンビーフ
[内容量100g]

材料（2〜4人分）

コンビーフ	1缶（約100g）
プロセスチーズ	30g
食パン（8枚切り）	1枚
卵	1個
醤油	小さじ1/2
サラダ油	大さじ2
お好みでイタリアンパセリ	適宜

作り方

1. プロセスチーズと食パンは5mmの角切りにする。
2. ボウルにコンビーフ、1、卵、醤油を入れて、コンビーフをほぐしながらよく混ぜ合わせる。
3. フライパンにサラダ油を熱し、2を手で丸くまとめながら揚げ焼きにしていく。お好みでイタリアンパセリを添える。

Point
コンビーフはたんぱく質、脂質が豊富でビタミンB群、鉄も含む、筋力アップにおすすめの食材。短時間で作れます。

エネルギー	たんぱく質	脂質	炭水化物	食塩相当量
724kcal	38.2g	51.1g	24.3〜26.4g	3.9g

＊出来上がり総量の栄養価です

筋力アップ

かにめし

かにの風味が香る炊き込みご飯。
ほっとするおいしさです。

これを使いました！

マルハ　まるずわいがにほぐしみ
[固形量55g]

材料(2人分)

かに(ほぐし身)	1缶(約50g)
米	1合
酒	小さじ1
卵	1個
三つ葉	5g

作り方

1. 米は洗って炊飯器に入れ、1合の目盛りまで水を注いで30分浸しておく。
2. 酒とかにを缶汁ごと加えて軽くかき混ぜ、スイッチを入れる。
3. 炊き上がったらすぐに菜箸を刺して数か所穴をあけ、割りほぐした卵を回しかけてふたを閉め、しばらく蒸らす。
4. 卵がしっとりとかたまったら、切るように混ぜて卵を全体に行き渡らせる。
5. 器に盛り、刻んだ三つ葉をのせる。

Point
かにの豊富なタウリンが心肺機能の強化や疲労回復などに有効でトレーニングをサポートします。炊飯器の余熱で卵をしっとりかためる、手間いらずの献立です。

エネルギー	たんぱく質	脂質	炭水化物	食塩相当量
379kcal	11.9g	3.5g	70.4g	0.6g

さばとオクラの土佐炒め

味付けはみそ煮の缶汁のみ！
調味料いらずのシンプルレシピ。

これを使いました！

マルハ　さばみそ煮 月花
[固形量150g・内容総量200g]

材料(2人分)

さばみそ煮	1缶(約200g)
オクラ	10本
しめじ	100g
サラダ油	小さじ1
削り節	1パック(2.5g)

作り方

1. オクラは、塩少々（分量外）でこすり、水洗いして水けをふいてガクを切り落とし半分に切る。しめじは石づきをとり、小房に分けておく。
2. フライパンにサラダ油を熱し1を炒める。火が通ったらさばみそ煮を缶汁ごと入れ、削り節を加えてさらに炒める。

Point
さばにはアミノ酸がバランスよく含まれています。削り節のうまみ成分であるイノシン酸は細胞の活性化に効果的。美ボディ＆美肌に◎。

エネルギー	たんぱく質	脂質	炭水化物	食塩相当量
276kcal	19.5g	17.5g	13.0g	1.1g

筋力アップ

これを使いました！

ホーメル　スパム20％レスソルト
[内容量198g]
ソル・レオーネ ダイストマト
[内容量400g]

スパムライス詰めパプリカのトマト煮

スパムたっぷりのボリューム満点メニュー！
お好きな色のパプリカで作ってみてください。

Point
とても栄養バランスのいい一品。生米が入っているのでこぼれないように注意しつつ、全体に火が通るようにときどき向きを変えながら煮てください。

エネルギー	たんぱく質	脂質	炭水化物	食塩相当量
450kcal	15.0g	31.5g	26.3g	3.2g

材料(2人分)

スパム	1缶(約200g)
トマト水煮(カット)	1カップ
黄色パプリカ	2個
玉ねぎ	60g
ピクルス	60g
米	大さじ2
A　水	1/2カップ
塩・こしょう	少々
オリーブ油	小さじ1

作り方

1. パプリカは上2cmを切り、種をとり除く(上のへたの部分も使用。パプリカを器にするため形を崩さないようにする)。
2. スパムは1cm角に、玉ねぎ、ピクルスはみじん切りにする。
3. ボウルに米、2を入れてよく混ぜ、1のパプリカに等分に詰める。
4. 鍋に3を入れ(へたの部分も)、トマト水煮とAを加えてふたをして弱火で30分火にかける。10分ほどして詰めものがかたまってきたら、パプリカを寝かせ、ときどき向きを変えながら全体に火を通す。へたは煮えたら先にとり出しておく。
5. 器に盛ってオリーブ油を全体に回しかける。

マシュマロのフルーツグラタン

材料(2人分)

フルーツミックス	1缶(約190g)
さつまいも	100g
スライスアーモンド	大さじ1
A　牛乳	大さじ2
ヨーグルト	小さじ1
マシュマロ	10個(40g)

これを使いました!

はごろも　朝からフルーツミックス
[固形量100g・内容総量190g]

作り方

1. さつまいもは1cmの角切りにし、電子レンジで2分加熱してやわらかくする。スライスアーモンドはいっておく。Aはよく混ぜておく。
2. 耐熱容器に1のさつまいも、缶汁をきったフルーツミックスの順に重ね、Aを回しかける。その上にマシュマロをのせ、オーブントースターで焼き色がつくまで焼く。出来上がりに1のスライスアーモンドを散らす。

エネルギー	たんぱく質	脂質	炭水化物	食塩相当量
192kcal	2.1g	0.8g	44.3g	0g (ほぼゼロ)

ダイエットサポート

ダイエットをサポートする缶詰レシピ

ダイエットとは賢く食べること

　私の考えるダイエットは「食べる量を減らすこと」ではありません。食べなければ体は細くなりますが、行き過ぎれば体を壊します。がまんが過ぎると、体は危機を感じて食べたものを脂肪としてため込もうとしたり、反動でどか食いをしたり、結局はリバウンドして元のもくあみという結果になりがちです。

　理想的なダイエットとは「余分な脂肪を落とすこと」です（P67も併せてお読みください）。そのためには偏った食事をするのではなく、太りやすい時間帯（22時以降）には食事をとらないとか、筋肉をつくるのに効果的な食事によって基礎代謝を上げ、脂肪燃焼をサポートするなど、健康をキープする賢い食べ方をしましょう。

青魚の脂肪酸を味方にする

　体の中に脂肪として蓄えられるのが中性脂肪です。脂肪は脂肪酸で構成されており、飽和脂肪酸と不飽和脂肪酸に分けられます。飽和脂肪酸は肉類や乳製品の脂肪に多く含まれ、とりすぎるとコレステロール値を上げ、中性脂肪を増やしてしまいます。一方、不飽和脂肪酸は中性脂肪の合成を抑え、血中の中性脂肪を減らす働きをします。青魚に豊富なDHA（ドコサヘキサエン酸）やEPA（エイコサペンタエン酸）に含まれるαリノレン酸は、血糖値の上昇を抑え、筋肉増強をサポートする働きをするオメガ3脂肪酸の一種。ダイエット中に積極的にとりたい食品です（P133も併せてお読みください）。

代謝を助ける食品を

　とうがらしのカプサイシンは、脂肪の燃焼を促進し、発汗作用によって老廃物を排出する働きがあります。とうがらしたっぷりのキムチは食物繊維が豊富なうえ、乳酸菌によって発酵させているので、腸内の老廃物を排出し、腸内環境をととのえるデトックス食品です。同様に発酵食品の酢も、体内でブドウ糖を効率よく燃やし、体内にたまった老廃物を排出させます。ダイエット中は発酵食品を積極的にとりましょう。

　また、ビタミンEは血流をよくして老廃物の排出をスムーズに、ビタミンB群は代謝をアップします。オリーブ油のオレイン酸も糖代謝や脂質の代謝を活発にしてくれます。

酢
酢のクエン酸には疲労回復や整腸作用など多くの効能が。

キムチ
腸内環境の改善、デトックス、脂肪燃焼などうれしい効果いっぱい。

オリーブ油
不飽和脂肪酸のオレイン酸は酸化しにくく、代謝を活発に。

さば
旬のさばはDHAやEPAがたっぷり。脂肪燃焼を促すタウリンも。

アボカド
代謝を高めるオレイン酸、ビタミンE、食物繊維が豊富。1日1/2個を目安に。

いわし
オメガ3脂肪酸を多く含む青魚。缶詰の種類は多く、水煮やかば焼きのほか、アンチョビもいわしが原料です。

カシューナッツ・アーモンド
水溶性食物繊維が豊富。不飽和脂肪酸を含み、脂肪燃焼を促すビタミンB_2も。

ほかにもあります！　ダイエットをサポートする食材いろいろ

不飽和脂肪酸を含む食材　アマニ油、くるみ、緑黄色野菜、豆類など
ビタミンB_2を多く含む食材　レバー、うなぎ、卵、ぶり、納豆など
ビタミンEを多く含む食材　ツナ、赤ピーマン、かぼちゃ、落花生など

ダイエットサポート

鶏そぼろバジルと
ホワイトアスパラの温玉添え

ホワイトアスパラガスのうまみを
たっぷり味わえる一皿です。

これを使いました！

ＳＳＫ　アスパラガス ホワイト
［ 固形量160g 内容総量250g ］
いなば　とりそぼろとバジル(75g)
［ 内容総量75g ］

材料(2人分)

ホワイトアスパラガス	1缶(約250g)
鶏そぼろ(バジル味)	1缶(約70g)
削り節	1袋(2.5g)
温泉卵	1個

作り方

1. 器に缶汁をきったホワイトアスパラガスをのせ、鶏そぼろをかける。ラップをして電子レンジで1分加熱する。
2. 1に削り節をまぶし、温泉卵をのせる。

Point
ダイエット中こそ、見た目においしい食事が大切。カロリーは控えめですが、栄養バランスにすぐれたメニューです。よく噛んで味わって食べてください。

エネルギー	たんぱく質	脂質	炭水化物	食塩相当量
120kcal	10.8g	6.2g	5.6g	1.6g

かに玉豆腐

かにの風味を卵でやさしくとじこめました。
豆腐たっぷりで意外とお腹にたまります。

これを使いました！

マルハ　まるずわいがにほぐしみ
[固形量55g]

明治屋　MY 国産グリンピース
[内容総量85g]

材料(2人分)

かに(ほぐし身)	1缶(約50g)
グリンピース	1/2缶(約40g)
木綿豆腐	1丁(200g)

A
- 卵 …………… 2個
- 片栗粉 …………… 小さじ2
- 酢 …………… 小さじ1
- めんつゆ(3倍希釈) …………… 小さじ1

B
- 水 …………… 大さじ2
- めんつゆ(3倍希釈) …………… 大さじ1
- 片栗粉 …………… 小さじ1/2

作り方

1. 水きりした豆腐をボウルに入れてつぶし、*A*とかにを缶汁ごと加えてよく混ぜる。
2. 1を2等分して耐熱容器に流し入れ、上に缶汁をきったグリンピースを半量ずつ散らし、ラップをふんわりかけて電子レンジで3〜4分加熱する。
3. 別の耐熱容器に*B*を入れてよく混ぜ、電子レンジで30秒加熱する。一度とり出しよくかき混ぜて、さらに電子レンジで15秒加熱してとろみあんを作り、2にかける。

Point
かには高たんぱくで脂質と炭水化物が少なく、カリウム、カルシウム、鉄分、亜鉛、ビタミンB群などを含む、ダイエット中の栄養補給におすすめの食材です。

エネルギー	たんぱく質	脂質	炭水化物	食塩相当量
210kcal	17.3g	9.5g	12.3g	1.8g

ダイエットサポート

これを使いました！
マルハ ほたて貝柱(割り身)
[固形量45g・内容総量70g]

ほたての中華粥

ほたて水煮の缶汁ごと利用した
やさしいお味のお粥です。

Point
お粥は少量のご飯で満足感が得られます。トッピングに発酵食品のザーサイと高菜漬けを使いましたが、キムチ、いかの塩辛、たくあん、野沢菜漬けなどを入れても。

エネルギー	たんぱく質	脂質	炭水化物	食塩相当量
115kcal	5.3g	0.3g	22.2g	2.4g

材料(2人分)

ほたて貝柱水煮(割り身)	1缶(約70g)
ご飯	100g
水	1カップ
ごま油	少々
ザーサイ	20g
高菜漬け	20g
白ごま	少々

作り方

1. 小さめの鍋にご飯と水を入れて火にかける。吹きこぼれないよう注意しながら弱火でじっくり火を通し、ごま油とほたてを缶汁ごと加えて一煮立ちさせる。
2. 器に1を入れ、あらく刻んだザーサイと高菜漬けをのせ、上から白ごまを振る。

鶏ささ身のサンラータン

材料(2人分)

鶏ささ身(フレーク)	1缶(約80g)
乾燥きくらげ	6g
人参	20g
冷凍枝豆	20g(正味)
水	1.5カップ
A 顆粒だし	小さじ1
A 酢	小さじ1
A おろししょうが	少々
A ごま油	少々
ラー油	少々

これを使いました！

いなば とりささみフレーク低脂肪
[内容総量80g]

作り方

1. きくらげは水でもどし水けをきって細切りに、人参は千切りにする。冷凍枝豆は解凍し、さやから中身を出す。
2. 鍋に水と1のきくらげ、人参を入れて火にかけ、沸騰したらAと鶏ささ身を缶汁ごと入れ、1の枝豆も加えて一煮立ちさせる。
3. ラー油をたらす。

エネルギー	たんぱく質	脂質	炭水化物	食塩相当量
50kcal	7.3g	0.9g	4.5g	1.0g

ダイエットサポート

たけのことひじきの塩辛炒め

炒めた塩辛のうまみと香りで
味をひとつにまとめます。

これを使いました！

はごろも　しっとりひじき
[内容量110g]

材料(2人分)

ひじき(ドライ)	1缶(約110g)
たけのこ水煮	100g
オリーブ油	小さじ1
にんにく(みじん切り)	小さじ1
いかの塩辛	40g
お好みで大葉	適宜

作り方

1. たけのこは一口大に切る。
2. フライパンにオリーブ油を熱し、にんにくを炒める。香りがでたら1とひじきを加えて炒める。全体に油が回ったら、いかの塩辛を加えて色が変わるまで炒める。
3. 器に盛って、お好みで千切りにした大葉をのせる。

発酵食品の塩けとうまみを使い、塩は足しません。体内の余分な塩分を排出するたけのこ、海藻、きのこ、豆などカリウムや食物繊維が多い食材を一緒に使って。

エネルギー	たんぱく質	脂質	炭水化物	食塩相当量
68kcal	5.4g	3.4g	7.1g	2.1g

うずらと塩麹漬けこんにゃくのソテー

塩麹のうまみがしみ込んだこんにゃくの
ぷるぷるした食感がいいんです。

これを使いました！

明治屋 MY 国産うずら卵水煮
[固形量 45g]

材料(2人分)

うずら卵水煮	1缶(6個)
刺身こんにゃく	200g
塩麹	大さじ2
ごま油	小さじ1
絹さや	30g

作り方

1. 刺身こんにゃくはペーパータオルで水けをよくふき、塩麹をまぶして冷蔵庫で1日漬ける。
2. フライパンにごま油を熱し、水けをきった1と筋をとった絹さやを炒め、焼き色がついたら缶汁をきったうずらの卵を加えて軽く炒める。

Point もうひと味ほしい人はすだち酢、かぼす酢、七味とうがらしなどがおすすめ。こんにゃくを塩麹に漬ける時間がない場合は、水けをふきとり、塩麹で炒めて。

エネルギー	たんぱく質	脂質	炭水化物	食塩相当量
89kcal	3.8g	5.5g	9.6g	1.6g

ダイエットサポート

これを使いました！

あけぼの　あけぼのさけ
[内容総量90g]

鮭と野菜の塩麹蒸し

切って、あえて、チンするだけ！
ノンオイルで栄養価の高い一品です。

材料(2人分)

鮭水煮	1缶(約90g)
キャベツ	100g
ピーマン	30g
人参	30g
A　酒	大さじ1
塩麹	小さじ1
おろしにんにく	小さじ1/2

Point
家にあるお好みの野菜で作れます。食物繊維の多い野菜を先に食べることで、血糖値の上昇や脂肪の吸収を抑える効果が期待でき、ダイエット中にはおすすめ。

作り方

1. キャベツはざく切りに、ピーマンは種とへたをとり、一口大に切る。人参は一口大の薄切りにする。
2. 耐熱容器(またはシリコンスチーマー)にAを入れて混ぜ、1を加えてよくあえる。その上に鮭水煮を缶汁ごと入れ、ラップをかけて電子レンジで4分加熱する。
3. 器に盛りつけ、2の煮汁を回しかける。

エネルギー	たんぱく質	脂質	炭水化物	食塩相当量
102kcal	8.1g	4.6g	6.2g	0.6g

フルーツ入りナタデココ

材料(4人分)

ナタデココ	1缶(約190g)
フルーツミックス	1缶(約190g)
お好みでミントの葉	適宜

これを使いました！

ホテイフーズ　デザートナタデココ
ベトナム産
[固形量110g・内容総量190g]
はごろも　朝からフルーツミックス
[固形量100g・内容総量190g]

作り方

1. 器に缶汁をきったナタデココ、フルーツミックスを盛りつけ、お好みでミントの葉を飾る。

エネルギー	たんぱく質	脂質	炭水化物	食塩相当量
23kcal	0.1g	0g	6.1g	0g

ダイエットサポート

さんまとモッツァレラのカップサラダ

ピックで刺してお皿に並べても！
バルサミコ酢が効いています。

これを使いました！

ニッスイ　さんま塩焼き
［内容総量75g］

材料(2人分)

さんま塩焼き	1缶(約70g)
トマト	1個
モッツァレラチーズ	50g
┌ バルサミコ酢	小さじ1/2
A　オリーブ油	小さじ1/2
└ 塩・こしょう	少々
バジル	適量

作り方

1. さんま塩焼きは缶汁をきり、フライパンでカリカリになるまで焼いて一口大に切る。トマトとモッツァレラチーズは一口大に切る。
2. ボウルに*1*を入れて混ぜ、グラスに盛りつける。
3. *A*を順に回しかけ、刻んだバジルを飾る。

Point
さんまの塩焼きは、実はさんまのかば焼きよりも塩分少なめ。そのまま使ってもおいしいですが、カリカリに香ばしく焼くひと手間でさらにおいしくなります。

エネルギー	たんぱく質	脂質	炭水化物	食塩相当量
206kcal	12.3g	16.2g	2.7~2.9g	0.8g

焼き鳥とほうれん草の納豆手巻き

ご飯がなくても満足感あり。
ダイエットの味方、納豆をたくさん食べましょう！

これを使いました！
ホテイフーズ　やきとり たれ味
[内容総量85g]

材料(2人分)

焼き鳥(たれ)	1缶(約80g)
ほうれん草	30g
納豆	1パック(40g)
醤油	小さじ1
焼きのり	全形1枚
しょうが甘酢漬け(ガリ)	10g

作り方

1. ほうれん草は色よくゆで、2〜3cmに切ってしっかり水けをしぼる。
2. 納豆に1、醤油を加えてよく混ぜる。
3. 4等分に切った焼きのりに、2、焼き鳥、ガリをのせて巻いて食べる。

Point
高たんぱくで低コレステロールの納豆は、腸内環境をととのえ便秘を改善する働きもあるので、ダイエット中の女性の強い味方。1日1パックを目安に。

エネルギー	たんぱく質	脂質	炭水化物	食塩相当量
117kcal	12.2g	4.5g	7.9g	1.1g

ダイエットサポート

さばの冷や汁そうめん

豆乳とごまの風味でマイルドな仕上がりに。
お好みで温めて、めんやご飯にかけても。

これを使いました！

マルハ　秘伝さば照焼
[固形量80g・内容総量100g]

材料(1人分)

さば照り焼き ………………………… 1缶(約100g)
ぬか漬けきゅうり ………………………… 20g
大葉 ………………………………………… 2枚
みょうが ………………………………… 1/2個
A ┌ 調整豆乳 ………………………… 1カップ
　└ 白すりごま ……………………… 小さじ1
そうめん …………………………………… 50g

作り方

1. ぬか漬けきゅうりは輪切り、大葉とみょうがは千切りにする。
2. さば照り焼きは缶汁ごとボウルに入れてすりこぎでほぐし、Aを加えてよく混ぜる。
3. そうめんを表示通りにゆで、冷水で洗い、水けをきる。
4. 器に3を入れて2を注ぎ、1をのせる。

Point
缶詰はさんま塩焼きやいわしかば焼きなど、何でもOK。缶詰に味が付いているので、調味料は控えめです。薄いと感じたら、すだち酢やかぼす酢などを少し加えて。

エネルギー	たんぱく質	脂質	炭水化物	食塩相当量
610kcal	30.6g	30.4g	53.5g	4.2g

MAYU'S ADVICE 2　理想的なダイエットとは？

　美しく健康的に痩せるには、「体についた余分な脂肪を減らす」という意識が大切です。何かと目の敵にされてしまう糖質ですが、健康的に痩せるためには糖質も含めてバランスよく食べたほうが、結局は効果的なのです。

　たき火をモデルに考えてみましょう。たき火には、薪、種火となる新聞とマッチ、種火に勢いをつけるうちわが必要です。がんがん燃やしたい薪が「脂肪」だとすると、「糖質」は脂肪に火をつけやすくする新聞、「ビタミンB$_1$」は新聞に火をつけるマッチです。そして「ビタミンB$_2$」は、脂肪を効率よく燃やすうちわの役割を果たします。ダイエット中といえども、適度な糖質は必要。また、美肌維持のためにたんぱく質、ビタミンA、ビタミンC、ビタミンEもバランスよくとりましょう。

脂肪の燃える仕組み

ビタミンB$_2$ 脂肪を効率よく燃やす → 脂肪 本来は体に必要 ← ビタミンB$_1$ 糖質を燃やす点火役 ← 糖質 脂肪に火をつけやすくする

ダイエットサポート

牛肉大和煮とわかめの酢のもの

ダイエット中でも牛肉を食べたい！
そんなときには酢の物でさっぱりと。

これを使いました！

ノザキ　牛肉大和煮
[固形量55g・内容総量90g]

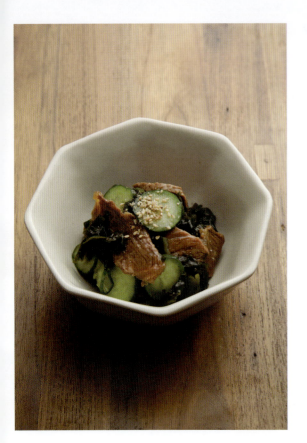

材料(2人分)

牛肉大和煮	1缶(約90g)
きゅうり	1本
乾燥わかめ	6g
黒酢	大さじ1
白ごま	小さじ1

作り方

1. きゅうりは輪切りにし、塩少々(分量外)を振ってしんなりさせ、水けをしぼる。わかめは水(分量外)でやわらかく戻し、水けをきって食べやすい大きさに切る。
2. ボウルに**1**と牛肉大和煮を缶汁ごと入れ、黒酢を加えてあえる。器に盛って白ごまをかける。

Point
熟成期間が長い黒酢はビタミン、ミネラル、アミノ酸などが普通のお酢よりさらに豊富です。血糖値の上昇も抑えるのでダイエット中の方におすすめ。

エネルギー	たんぱく質	脂質	炭水化物	食塩相当量
87kcal	8.1g	1.9~3.6g	8.6g	1.5g

いわしとアボカドのグラタン

いわしのうまみとアボカドのコクで
満足感の高い一品です。

これを使いました！

マルハ　いわし蒲焼
［固形量80g・内容総量100g］

材料(2人分)

いわしかば焼き	1缶(約100g)
アボカド	1個
A　醤油	小さじ1
マヨネーズ	小さじ1
おろしにんにく	少々
スライスチーズ(とけるタイプ)	1枚

作り方

1. アボカドは縦半分に切って種をとり除き、実をスプーンでとり出す(皮を器にするので破らないようにこそげとる)。
2. 1の実はスプーンなどでつぶし、缶汁をきったいわしかば焼き、Aとよく混ぜる。
3. アボカドの皮に2を半量ずつ詰め、半分に切ったスライスチーズをのせてオーブントースターでチーズに焼き色がつくまで焼く。

いわしとアボカドの脂質は不飽和脂肪酸なので血流をよくする効果が。ビタミンEたっぷりで美肌効果バツグンのアボカドを食べて肌のうるおいもキープ。

カロリー	塩分	脂質	炭水化物	たんぱく質
257kcal	12.2g	20.3mg	8.7g	1.2mg

腸内をキレイにし便秘を解消する缶詰レシピ

便秘の原因はさまざま

何日も排便がないと不快なものです。お腹がはったり、痛くなったり、吹き出ものが出たり、便がかたくなったり……。お腹がぽっこり出てしまうのも困ったものです。

便秘の原因として考えられるのは、食物繊維の不足、ストレス、不規則な食事、トイレをがまんすることが多い、運動不足、あるいは病気が背景にある場合などさまざま。そのため便秘解消を目指すのであれば、食事だけではなく、生活習慣も同時に見直すことが大切です。

快便のために大切なこと

便秘解消のカギを握るのは、「食物繊維」「乳酸菌」「水分」の3つ。

食物繊維には水溶性と不溶性とがあり、それぞれ腸のなかで異なる働きをします。不溶性食物繊維には腸を刺激して蠕動(ぜんどう)運動を活発にしたり、便のかさを増やしたりし、水溶性は便をやわらかくするといった働きがあります。不溶性食物繊維は穀類や豆類、いも類に多く、水溶性食物繊維はこんにゃく、わかめ、昆布やりんご、いちご、ももなどの果物に多く含まれます。どちらもバランスよくとりましょう(P81も併せてお読みください)。

乳酸菌は腸内にたまった毒素を排出し、腸内環境をととのえる働きをします。乳酸発酵させた発酵食品に含まれていますので、ぬか漬けなどの漬けもの、醤油、みそ、キムチ、チーズ、ヨーグルトなどをとることで、自然と摂取できます。特にヨーグルトのビフィズス菌は高い整腸作用が期待できます(P8-9も併せてお読みください)。

そして水分補給をしっかりすること。便秘の人は腸内の水分が不足しがちです。適量の水分摂取は腸を刺激し、腸内環境の改善にも役立ちます。1日1.5Lを目安に、まずは朝起きてすぐにコップ1杯の水を飲み、便意がなくてもかならずトイレに行く習慣をつけることからはじめてみましょう。

ヨーグルト
ビフィズス菌が生きたまま腸に到達して腸内の善玉菌を活性化。

醤油
腸の環境を整える善玉菌のえさとなる乳酸菌で発酵させている。

あずき
食物繊維のほか、鉄分やビタミン B_6、ポリフェノール、サポニンも。

ぬか漬け
食物繊維やビタミン、ミネラル、カルシウム、乳酸菌と栄養素の宝庫。

みそ
乳酸菌で発酵させている。腸内を刺激して便通をよくし、代謝もアップ。

──── ほかにもあります！　便秘解消にいい食材いろいろ ────

不溶性食物繊維を多く含む食品　大根、ごぼう、玄米、ライ麦、きのこなど
水溶性食物繊維を多く含む食品　いちじく、バナナ、キウイ、寒天、アボカドなど
乳酸菌を多く含む食品　ヨーグルト、チーズ、みそ、漬物、キムチなど

便秘解消

焼き鳥とこんにゃくの唐揚げ風

焼き鳥に片栗粉をまぶして炒めれば
少ない油で唐揚げ風の仕上がりに！

これを使いました！

ホテイフーズ　やきとり たれ味
[内容総量85g]

Point
こんにゃくに切り込みを入れて、しっかり下味をしみ込ませましょう。お好みで野菜を増やしたり、カシューナッツを加えたりしても。

エネルギー	たんぱく質	脂質	炭水化物	食塩相当量
236kcal	9.2g	10.5g	26.8g	1.6g

材料(2人分)

焼き鳥(たれ)	1缶(約80g)
こんにゃく	200g
A 赤みそ(お好みのみそ)	大さじ1
A みりん	大さじ1
ピーマン(お好みで赤・緑)	合計100g
片栗粉	大さじ2
ごま油	大さじ1
赤とうがらし	1本

作り方

1. こんにゃくは切らずにさっと下ゆでし、キッチンペーパーで水けをふきとる。こんにゃくの表面に斜め格子に切り込みを入れる。ビニール袋に**A**を入れて混ぜ合わせ、こんにゃくを入れて一晩漬ける。
2. ピーマンは種とヘタをとり除き一口大に切る。キッチンペーパーで**1**の水けをふきとって一口大にちぎり、缶汁をきった焼き鳥と一緒に片栗粉をまぶす。
3. フライパンにごま油を熱し、赤とうがらしを炒める。**2**の焼き鳥とこんにゃくを加えて炒め、ピーマンを入れさらに炒め合わせる。

ヨーグルト白玉あんこ

材料(4人分)

ゆであずき	1缶(約200g)
白玉粉	100g
ヨーグルト	100g
お好みでミントの葉	適宜

これを使いました！

はごろも　ゆであずき
[内容量190g]

作り方

1. ボウルに白玉粉を入れ、ヨーグルトを加えてよくこねる。耳たぶくらいのかたさになったら(かたい場合はヨーグルトを少しずつ足す)1.5cmの大きさに丸め、まん中を軽くおさえる。
2. **1**を熱湯でゆで、浮き上がってきたら冷水にとって水けをきる。
3. 器に**2**を入れ、ゆであずきをのせ、お好みでミントの葉を飾る。

エネルギー	たんぱく質	脂質	炭水化物	食塩相当量
207kcal	4.4g	1.2g	44.0g	0.1g

便秘解消

さんまと里いものさっぱり煮

根菜にさんまかば焼きのうまみを吸わせて
お酢でさっぱりと仕上げます。

これを使いました！

ニッスイ　さんま蒲焼
［内容量100g］

材料(1人分)

さんまかば焼き	1缶(約100g)
里いも	50g
人参	30g
冷凍枝豆	30g(正味15g)
水	大さじ1
酢	小さじ1

作り方

1. 里いもと人参は皮をむいて乱切りにする。
2. 冷凍枝豆は解凍し、さやから枝豆を出しておく。
3. 耐熱容器に1とさんまかば焼きを缶汁ごと入れ、水、酢を加え、ラップをして電子レンジで8〜10分加熱する。器に盛りつけ、2を散らす。

根菜は切る大きさによって加熱時間が変わります。一度とり出して中がまだかたかったら、追加で加熱してください。

エネルギー	たんぱく質	脂質	炭水化物	食塩相当量
274〜420kcal	22.0g	11.3〜27.5g	21.3g	1.3g

塩麹漬けきのこのボンゴレ

あさりのうまみに塩麹に漬けたきのこが加わり味に深みが生まれます。

これを使いました！

あけぼの　あさり水煮
[固形量65g・内容総量130g]

材料(2人分)

あさり水煮	1缶(約130g)
生しいたけ	2枚
しめじ	100g
えのき	100g
塩麹	大さじ1
スパゲティ	160g
オリーブ油	小さじ1
にんにく(みじん切り)	小さじ1
塩・こしょう	少々
刻みのり	適量

作り方

1. きのこはすべて石づきを落とし、しいたけは軸ごと4等分に、しめじは小房に分け、えのきはあらくほぐす。
2. 1をさっとゆで、水けをきって熱いうちに塩麹をまぶす。時間があるときは1時間以上漬けておく。
3. スパゲティを表示通りにゆで上げ、オリーブ油(分量外)を少々かけてほぐしやすくしておく。
4. フライパンにオリーブ油とにんにくを入れて熱し、2とあさりを缶汁ごと加えて炒める。3を加えて軽く炒め、塩・こしょうで味をととのえる。器に盛って、刻みのりをのせる。

Point
エリンギやまいたけなどを加えてもおいしいです。パスタは糖質が多いので、ダイエット中の人は具だくさんにして満足感を得るようにしましょう。

エネルギー	たんぱく質	脂質	炭水化物	食塩相当量
404kcal	20.0g	5.4g	70.3g	1.9g

便秘解消

ヤングコーンのバルサミコマリネ

カラフルな見た目がかわいい！
冷蔵庫に常備して野菜を手軽に食べましょう。

これを使いました！

リバークワイ　ヤングコーン
[内容総量210g]

Point
人参、大根、アスパラガス、セロリ、プチトマト、ブロッコリー、カリフラワー、れんこん、ごぼうなどでもおいしく作れます。

エネルギー	たんぱく質	脂質	炭水化物	食塩相当量
172kcal	3.4g	10.4g	14.6g	0.7g

＊出来上がり総量の栄養価です

材料（作りやすい分量）
ヤングコーン……………………………… 10g
きゅうり…………………………………… 1本
赤パプリカ………………………………… 80g
A ｜ バルサミコ酢……………………… 大さじ2
　｜ オリーブ油………………………… 小さじ2
　｜ 醤油………………………………… 小さじ1
　｜ おろしにんにく…………………… 少々

作り方
1. ヤングコーンは缶汁をきる。きゅうりと赤パプリカはヤングコーンの長さにそろえてスティック状に切る。
2. 耐熱容器にAを入れ、ラップをして電子レンジで1分加熱する。冷めたら保存袋に移し、1を入れて空気を抜いてしっかり口をしばり、冷蔵庫で一晩漬ける。

グリンピースとなめこのデトックススープ

材料（2人分）
なめこ……………………………… 1缶（約80g）
グリンピース……………………… 約20g
水…………………………………… 1.5カップ
A ｜ 削り節……………………… 1袋（2.5g）
　｜ 豆板醤……………………… 小さじ1/2
　｜ 顆粒だし…………………… 小さじ1/2
　｜ おろししょうが…………… 少々
　｜ 塩…………………………… 少々
ごま油……………………………… 少々

これを使いました！

明治屋　MY 国産なめこ
［内容総量85g］
明治屋　MY 国産グリンピース
［内容総量85g］

作り方
1. なめこはさっと洗い水けをきる。グリンピースも水けをきっておく。
2. 鍋に水を入れ火にかける。沸騰したらAと1を入れて一煮立ちさせ、ごま油を回しかける。

エネルギー	たんぱく質	脂質	炭水化物	食塩相当量
20kcal	2.1g	0.2g	2.9g	0.7g

便秘解消

ほたてのいぶりがっこ寿司

酢飯をわざわざ作らなくても、ほたての缶汁とお酢を足すだけでおいしいお寿司の出来上がり。

これを使いました！

マルハ　ほたて貝柱（割り身）
[固形量45g・内容総量70g]

材料（1人分）

ほたて貝柱水煮（割り身）	1缶（約70g）
ぬか漬けきゅうり	15g
いぶりがっこ（たくあんでも可）	10g
酢	小さじ1
ご飯	茶碗1杯
焼きのり	適量

作り方

1. ぬか漬けきゅうりは輪切り、いぶりがっこは細切りにする。
2. ほたては缶汁ごとボウルにあけ、酢を混ぜておく。
3. 2に1、ご飯を加えてほぐしながら混ぜる。器に盛り、焼きのりをちぎって散らす。

Point　冷やご飯で作るときは、電子レンジで温めてからのほうが味がよくなじみます。具は刻んだガリやらっきょう、大葉、塩もみしたきゅうりなどでも。

エネルギー	たんぱく質	脂質	炭水化物	食塩相当量
313kcal	11.0g	0.8g	63.2g	2.0g

鶏ささ身としらたきのおやき

したらきでおやき！
むっちりした食感がおいしい一品です。

これを使いました！

いなば　とりささみフレーク低脂肪
［内容総量80g］

材料(2人分)

鶏ささ身(フレーク)	1缶(約80g)
しらたき	1/2袋(100g)
オクラ	5本
醤油	小さじ1/2
小麦粉	大さじ3
ごま油	小さじ1

作り方

1. しらたきは食べやすい長さに切り、下ゆでして水けをしっかりきる。オクラは塩少々(分量外)でこすって水けをふきとり小口切りにする。
2. ボウルに缶汁をしっかりきった鶏ささ身、1を入れ、醤油を全体にからめてから小麦粉を加えて混ぜ、8等分に分けて丸く成型する。
3. フライパンにごま油を熱し、2を入れフライ返しでおさえて薄く広げながら両面をこんがりと焼く。

Point
水分が多いと焼くときにまとまりにくいので、しらたきや鶏ささ身の汁けはしっかりきっておきましょう。

エネルギー	たんぱく質	脂質	炭水化物	食塩相当量
142kcal	8.0g	3.1g	20.5g	0.8g

便秘解消

これを使いました！

あけぼの　いわしトマト煮
[固形量75g・内容総量100g]

いわしときのこのガーリックヨーグルト炒め

ヨーグルトでまろやかさをプラス。
魚の洋風おかずが手軽にできます。

材料(1人分)

いわしトマト煮	1缶(約100g)
生しいたけ	1枚
しめじ	30g
エリンギ	1本
まいたけ	30g
ヨーグルト	小さじ1
オリーブ油	小さじ1
にんにく(みじん切り)	小さじ1/2
塩・こしょう	少々

作り方

1. きのこはすべて石づきを落とし、しいたけは軸ごと4等分に、しめじは小房に分け、エリンギは縦4等分に裂き、まいたけはあらくほぐす。
2. いわしのトマト煮は缶汁と中身に分けて、缶汁にヨーグルトを加えてよく混ぜておく。
3. フライパンにオリーブ油を熱してにんにくを炒め、1を加えて炒める。きのこに火が通ったら2をすべて加えて軽く炒める。塩・こしょうで味をととのえる。

Point
ヨーグルトのビフィズス菌は腸内の善玉菌を活性化してくれます。食物繊維やビタミン、ミネラルが豊富なきのこ組み合わせて相乗効果を狙いましょう。

エネルギー	たんぱく質	脂質	炭水化物	食塩相当量
252kcal	19.0g	18.6g	12.8g	1.0g

MAYU'S ADVICE 3 便秘に効く食物繊維のとり方とは

　食物繊維は便秘解消に欠かせない栄養素として有名ですね。ではその食物繊維に「不溶性」と「水溶性」があるのはご存じですか?

　不溶性食物繊維は、便のかさを増やして腸の動きを活発にし、蠕動運動を促して排便しやすくします。一方、水溶性は便の水分を増やし、老廃物を包み込んで排出します。また糖質やコレステロールの吸収を遅らせ、血糖値の上昇をゆるやかにしてくれます。どちらも必要なのですが、重い便秘の人が不溶性食物繊維をとり過ぎると、お腹がはって痛みを感じることがあります。水溶性食物繊維を意識して食べるようにしてみてください。ごぼうには不溶性、水溶性どちらの食物繊維も含まれています。

不溶性食物繊維の多い食品	
リグニン	大根、ごぼう
セルロース・ヘミセルロース	玄米、ライ麦
βグルカン	きのこ
水溶性食物繊維の多い食品	
ペクチン	りんご、いちご
グルコマンナン	こんにゃく
アルギン酸	わかめ、昆布

便秘解消

さばの洋風きんぴら

セロリや粉チーズがさばの魚臭さを消して
おしゃれな一皿に仕上がります。

これを使いました！

ニッスイ　スルッとふた さば水煮
[内容量190g]

材料(2人分)

さば水煮	1缶(約190g)
セロリ	1/2本
人参	60g
サラダ油	小さじ1/2
赤とうがらし(輪切り)	小さじ1
粉チーズ	大さじ1
塩・こしょう	少々

作り方

1. セロリは筋をとって千切りに、人参も千切りにする。
2. フライパンにサラダ油を熱して赤とうがらしを炒め、1を加えて炒める。缶汁をきったさば水煮、粉チーズを加えて混ぜながら炒め、塩・こしょうで味をととのえる。

セロリは食物繊維が豊富なうえ、抗酸化作用があるビタミンCやビタミンEを含んでいます。ビタミンCには美白効果も。

エネルギー	たんぱく質	脂質	炭水化物	食塩相当量
210~326kcal	17.1g	14.2~27.1g	3.7g	1.6g

牛肉大和煮と野沢菜のさつまいもご飯

お米に大和煮のうまみを吸わせて炊き上げます。
さつまいもの甘みと野沢菜の塩けがいい感じ。

これを使いました！

ノザキ　牛肉大和煮
[固形量55g・内容総量90g]

材料（2人分）

牛肉大和煮	1缶（約90g）
米	1合
さつまいも	100g
野沢菜漬け	30g

作り方

1. 米は洗って炊飯器に入れ、1合の目盛りまで水を注いで30分浸しておく。
2. さつまいもは1cmの角切り、野沢菜漬けはあらみじんに切り水けをしぼる。
3. 1の炊飯器に牛肉大和煮を缶汁ごと入れ、2も加えて軽く混ぜてスイッチを入れる。炊き上がったら全体を切るように混ぜる。

さつまいもも野沢菜漬けも食物繊維が豊富。腸内の余分な糖分やコレステロールを体外に排出しやすくなる便秘解消のお助け食材です。

エネルギー	たんぱく質	脂質	炭水化物	食塩相当量
450kcal	13.0g	1.3~3.1g	91.2g	1.0g

アンチエイジングのための缶詰レシピ

さびない食事のススメ

　同じ年齢の人でも、肌の色つやがよく若々しい印象の人と、年齢以上に老けた印象の人とがいます。老化は誰にも避けられませんが、そのスピードが人により違うように見えるのはなぜでしょうか。

　老化には遺伝的な要素に加え、活性酸素が大きく影響するということがわかってきました。私たちがただ呼吸をするだけでも、その約2％は活性酸素となって体内に蓄積され、それがたんぱく質や脂質、DNAを酸化させ、体をさびつかせていきます。活性酸素は、動脈硬化やがん、糖尿病などの原因になることもあり、できるだけ減らしたいものです。

　活性酸素は紫外線やたばこ、不規則な生活などにより増えていきます。これに抗酸化作用のある食べもので対抗しようというのが、食事によるアンチエイジングです。

7色の野菜と発酵食品を

　抗酸化物質には、ビタミンA、ビタミンC、ビタミンE、β-カロテンなどのいわゆる抗酸化ビタミンがあります。ビタミンAは緑黄色野菜に、ビタミンCは柑橘類に豊富に含まれています。ビタミンEはアボカドやたらこ、ナッツ類に多く含まれます。β-カロテンはレバーやモロヘイヤ、人参などに多く、油と一緒にとると吸収率がアップします。

　最近、強力な抗酸化作用が期待されているのがファイトケミカルと呼ばれる植物の色素や辛み、香りの成分。リコピン、アントシアニン、カテキン、カプサイシン、ルテインなどはこの一種です。赤、オレンジ、黄、緑、紫、黒、白の7色の野菜をバランスよく食べ、体内の活性酸素をとり除きましょう。

　腸のアンチエイジングも大事です。腸内環境をととのえる善玉菌は、加齢とともに減少していきます。それが免疫力の低下を招き、老化を進めます。そのため食物繊維やオリゴ糖、乳酸菌をしっかりとって、腸内環境をととのえることが大切です。

　発酵食品は、体内で吸収されやすいかたちで食物の抗酸化物質をとることができます。乳酸菌や納豆菌は腸内環境を改善する働きも。この本のレシピはすべて発酵食品を使っていますので活用してください。

赤みそ
熟成期間が長い赤みそは、強力な抗酸化作用があるとされるメラノイジンが豊富。

鶏ささ身
高たんぱく、低脂肪、各種ビタミンが豊富。若々しい肉体づくりの助人。

削り節
イノシン酸が全身の細胞を活性化させ、新陳代謝を促す。

スパム
高カロリー、高脂質なので少量でエネルギー補給が。食が細くなってきた人にも。

塩麹
抗酸化物質によって活性酸素をとり除き、腸内環境をととのえる。

ほかにもあります！ アンチエイジングな食材いろいろ

抗酸化物質を含む緑の野菜	小松菜、ブロッコリー、モロヘイヤ、春菊、おくらなど
抗酸化物質を含む赤の野菜	人参、赤ピーマン、トマト、とうがらし、すいかなど
抗酸化物質を含む白の野菜	玉ねぎ、にんにく、キャベツ、大根、カリフラワーなど

アンチエイジング

ツナとトマトの塩麹卵炒め

サッと作れる手軽な一品。
朝のメニューに加えてみては？

これを使いました！

いなば　ライトツナスーパーノンオイル
[内容量70g]

材料(2人分)

ツナ(ノンオイル・フレーク)	1缶(約70g)
トマト	1個
卵	2個
塩麹	大さじ1
オリーブ油	小さじ1/2

作り方

1. トマトはヘタをとり、一口大に切る。卵は割りほぐし、塩麹を混ぜておく。
2. フライパンにオリーブ油を熱し、1の卵を手早く炒め、半熟状になったらとり出す。
3. フライパンを軽くふき、1のトマトと缶汁をきったツナを加えてサッと炒め、2の卵を戻して全体を炒め合わせる。

Point

アミノ酸バランスがいいツナ、抗酸化作用の強いリコピンが豊富なトマト、完全栄養食といわれる卵を使ったレシピ。とってもアンチエイジングなとり合わせです。

エネルギー	たんぱく質	脂質	炭水化物	食塩相当量
135kcal	12.5g	6.6g	5.6g	1.4g

さばみそさんが焼き

大葉は飾りじゃありません！
さばと一緒に食べておいしくアンチエイジング。

マルハ　さばみそ煮 月花
[固形量150g・内容総量200g]

材料(2人分)

さばみそ煮	1缶(約200g)
A　長ねぎ(みじん切り)	50g
しょうが(みじん切り)	小さじ1
片栗粉	大さじ1
酒	小さじ1
ごま油	小さじ1
大葉	4枚

作り方

1. ボウルに缶汁をきったさばみそ煮とAを入れ、よく混ぜ合わせる。
2. 1を4等分して小判型にし、ごま油を熱したフライパンで両面を焼く。
3. 皿に大葉を敷き、2をのせる。

Point
さばは目の下のくまが気になるような血の巡りが悪い人におすすめです。生のまま食べられる緑黄色野菜の大葉と一緒に食べると、老化防止効果が高まります。

エネルギー	たんぱく質	脂質	炭水化物	食塩相当量
239kcal	16.4g	12.1g	9.1g	1.1g

アンチエイジング

コンビーフとひよこ豆の巣ごもり風

半熟に焼いた目玉焼きをスプーンでくずして
コンビーフにからめながら召し上がれ。

これを使いました！

ノザキ　脂肪分ひかえめコンビーフ
　　　　［内容量100g］
いなば　毎日サラダ ガルバンゾ（ひよこ豆）
　　　　［内容量100g］

Point

お肉のたんぱく質は筋肉や骨をつくるもととなります。
コンビーフは脂質が多いですが、高たんぱくで鉄分と亜
鉛が豊富。食べ過ぎに気をつけ上手にとりましょう。

エネルギー	たんぱく質	脂質	炭水化物	食塩相当量
263kcal	21.7g	14.2g	12.5〜13.9g	1.8g

材料(2人分)
コンビーフ ……………………… 1缶(約100g)
ひよこ豆(ドライ)……………… 1缶(約100g)
A ┌ マヨネーズ ……………………… 大さじ2
  │ ヨーグルト ……………………… 小さじ1
  └ こしょう ………………………………… 少々
卵 ……………………………………………… 2個
オリーブ油 …………………………………… 少々

作り方
1. ボウルにコンビーフ、ひよこ豆、Aを入れてよく混ぜる。
2. 耐熱容器を2つ用意し、1を半量ずつ入れ、まん中をくぼませて卵を割り入れる。オリーブ油少々をかけてトースターで5分焼く。

みかん缶のタルトタタン

材料(20cmのフライパン1台分)
みかん ………………………… 1缶(約190g)
A ┌ 卵 ………………………………………… 1個
  │ 牛乳 ……………………………… 1/4カップ
  └ ヨーグルト ……………………………… 50g
ホットケーキミックス ………………… 100g
バター ………………………………… 10g+10g

これを使いました!
はごろも　朝からフルーツみかん
[固形量100g・内容総量190g]

作り方
1. ボウルにAを入れてよく混ぜ合わせ、ホットケーキミックスを加えてさっくり混ぜる。
2. フライパンにバター10gを入れて弱火で熱し、バターがとけたら1を流し入れ、ふたをして弱火のまま焼く。表面にプツプツ穴があいたら缶汁をきったみかんを並べ、皿にとり出す。残りのバター10gをフライパンに入れてとかし、その中にとり出したケーキをひっくり返して入れる。ふたをしないで弱火で約5分焼き、竹ぐしを刺して生地がついてこなければ出来上がり。
3. 食べやすい大きさに切り分ける。

エネルギー	たんぱく質	脂質	炭水化物	食塩相当量
752kcal	17.6g	26.3g	111.1g	1.9g

*出来上がり総量の栄養価です

アンチエイジング

さんまの南蛮漬け

骨までやわらかい缶詰だから
南蛮漬けがかんたんに作れます。

これを使いました！

ニッスイ さんま塩焼き
[内容総量75g]

材料(2人分)

さんま塩焼き	1缶(約70g)
長ねぎ(千切り)	15g
しょうが(千切り)	10g
赤とうがらし	1本
A 酢	大さじ2
酒・みりん	各大さじ1
醤油	小さじ1
片栗粉	大さじ1
サラダ油	小さじ1

作り方

1. ボウルに A を合わせて漬け汁を用意する。
2. さんま塩焼きは缶汁をきり、キッチンペーパーで汁けをふきとって片栗粉をまぶす。フライパンにサラダ油を熱し、カラリと焼く。熱いうちに 1 に漬け、30分以上おいて味をなじませる。

酢は体内にたまった有害物質や老廃物を排出するデトックス効果が期待できます。カルシウムの吸収も助けるので骨ごと食べられる魚缶と一緒にとると効果的。

エネルギー	たんぱく質	脂質	炭水化物	食塩相当量
237kcal	7.7g	16.3g	6.5~6.7g	0.7g

レバーチリチーズトースト

貧血予防の強い味方、レバーペーストに
相性のいいスイートチリソースを合わせて。

これを使いました！

LIVER WURST Spread
（レバーペースト）
[内容量120g]

材料（1人分）

レバーペースト	大さじ1
食パン8枚切り（または6枚切り）	1枚
スライスチーズ（とけるタイプ）	20g
スイートチリソース	大さじ1
こしょう	少々

作り方

1. 食パンにレバーペーストを塗り、スライスチーズをのせる。スイートチリソースをかけ、こしょうを振ってトースターで焼き色がつくまで焼く。

Point
レバーペーストが焦げやすいので注意。レバーペーストが先に焦げてきたら、チーズのかかった部分を避けてホイルをかぶせて焼きましょう。

エネルギー	たんぱく質	脂質	炭水化物	食塩相当量
272kcal	11.2g	12.6g	27.7g	1.8g

＊栄養価は8枚切りの食パン1枚（50g）で計算しました

アンチエイジング

ほたてと白菜のおつまみサラダ

塩もみした白菜を削り節でさっぱりと。
むしゃむしゃ、いくらでも食べられます。

これを使いました！

マルハ　ほたて貝柱（割り身）
[固形量45g・内容総量70g]

材料(2人分)

ほたて貝柱水煮(割り身)	1缶(約70g)
白菜	100g
みょうが	2個
醤油	少々
削り節	1パック(2.5g)

作り方

1 白菜は3cm幅に切り、みょうがは千切りにする。ボウルに白菜とみょうがを入れて塩少々(分量外)を振り、手でもんで水が出てきたら軽くしぼる。

2 *1*にほたて貝柱水煮を缶汁ごと入れ、醤油を加えて混ぜ合わせる。

3 食べる直前に水けをきり、器に盛りつけて削り節をのせる。

Point ほたてはたんぱく質、カルシウム、ビタミン、鉄分、タウリンなど、アンチエイジングに欠かせない栄養素が豊富です。内臓の調子を整えてくれる白菜とどうぞ。

エネルギー	たんぱく質	脂質	炭水化物	食塩相当量
38kcal	4.9g	0.3g	4.4g	0.4g

かにとヨーグルトの冷たいスープ

材料(2人分)

かに(ほぐし身)	1缶(約50g)
きゅうり	1/3本
A ヨーグルト	200g
冷水	1/2カップ
おろしにんにく	少々
塩	少々
オリーブ油	小さじ1
お好みでディル(パウダー)	適宜

これを使いました！

マルハ　まるずわいがにほぐしみ
[固形量55g]

作り方

1 きゅうりはあらみじんに切り、塩少々(分量外)をまぶす。

2 ボウルに*A*と水けをしぼった*1*、かにほぐし身を缶汁ごと入れて混ぜ、塩で味をととのえる。

3 器に注ぎ、仕上げにオリーブ油を回しかけ、お好みでディルを振る。

エネルギー	たんぱく質	脂質	炭水化物	食塩相当量
105kcal	7.1g	5.6g	6.3g	0.6g

アンチエイジング

ヘルシーチキンナゲット

栄養たっぷりの大豆のチキンナゲットは
ぱぱっと作れておつまみやお弁当に最適。

これを使いました！

いなば　毎日サラダ 大豆 食塩無添加
［内容総量100g］
いなば　とりささみフレーク低脂肪
［内容総量80g］

■ 材料（10個分）

大豆水煮（ドライ）	1缶（約100g）
鶏ささ身（フレーク）	1缶（約80g）
A〔 卵	1個
片栗粉	大さじ3
マヨネーズ	大さじ1
コチュジャン	小さじ1/2
こしょう 〕	少々
サラダ油	大さじ1

● 作り方

1. ビニール袋に大豆水煮を入れてよくつぶす。
2. 1に缶汁をきった鶏ささ身とAを加えてよく混ぜる。
3. フライパンにサラダ油を熱し、2の種をスプーンで落とし入れ、形をととのえながら焼く。

Point
火が通っている缶詰を使うので、少量の油で揚げ焼きできます。大豆はよくつぶしてから混ぜるとゴロゴロせず、辛みを控えれば小さな子どもでも食べやすいです。

エネルギー	たんぱく質	脂質	炭水化物	食塩相当量
64kcal	2.7g	3.4g	5.2g	0.2g

＊1個分の栄養価です

里いものアンチョビサンド

たんぱくな里いもにアンチョビの塩けがよく合います。
青のりの風味がアクセント。

これを使いました！

アヲハタ　アンチョビーフィレー
［固形量30g・内容総量45g］

材料(2人分)

アンチョビ(フィレ)	2切れ
玉ねぎ(みじん切り)	大さじ1
パセリ(みじん切り)	大さじ1
マヨネーズ	小さじ1
里いも	2個
塩・こしょう	少々
サラダ油	小さじ1
青のり	適量

作り方

1. 缶汁をきったアンチョビはみじん切りにし、玉ねぎ、パセリとともにマヨネーズであえる。
2. 里いもは皮をむいて5mm厚さの輪切りにし、塩・こしょうを振る。フライパンにサラダ油を熱して里いもを並べ、中に火が通るまで両面をじっくり焼く。
3. 2で1をサンドして盛りつけ、青のりをかける。

里いもがなければ、じゃがいもや長いも、さつまいもなどでもおいしくできます。青のりの代わりに、山椒やドライパセリをかけても。

エネルギー	たんぱく質	脂質	炭水化物	食塩相当量
73kcal	2.0g	3.7g	7.9g	0.1g

アンチエイジング

なんちゃってラザニア

平打ちパスタの代わりに餃子を使います。
だから「なんちゃって」。おいしいですよ！

これを使いました！

カゴメ　完熟トマトのミートソース
[内容量295g]

材料(1人分)

ミートソース	大さじ4
冷凍(またはチルド)餃子	6個
シュレッドチーズ	20g
お好みでパセリ(みじん切り)	適宜

作り方

1. 耐熱容器に餃子を並べ、軽くラップをして電子レンジで2分30秒加熱する。
2. 1にミートソースをかけ、シュレッドチーズをのせる。
3. トースターで2を焦げ目がつくまで焼く。お好みでパセリを散らす。

かんたん、手抜きレシピなのですが、子どもたちも大好きな20年来の我が家の鉄板メニューです。餃子がなければ、お餅やじゃがいもを使っても。

エネルギー	たんぱく質	脂質	炭水化物	食塩相当量
299kcal	12.3g	14.6g	29.1g	2.6g

スパムと水菜のサラダ

香ばしくローストしたスパムとナッツが
シャキシャキの水菜とよく合います。

これを使いました！

ホーメル　スパム20％レスソルト
[内容量198g]

材料(4人分)

スパム ……………………………………	1缶(200g)
カシューナッツ …………………………………	40g
水菜 ……………………………………………	80g
プロセスチーズ ……………………………	30g
A〔 オリーブ油 …………………………………	小さじ1
レモン汁 ……………………………………	小さじ1
塩・こしょう ………………………………	少々

作り方

1. スパムは1cmの角切りにし、フライパンで油を引かずに焼く。途中でカシューナッツも加えてスパムがカリカリになるまで焼く。
2. 水菜はざく切りにする。プロセスチーズは1cm角に切る。
3. ボウルに*1*、*2*を入れ、あらかじめよく混ぜ合わせておいた*A*であえる。

Point
ビタミン、ミネラルが豊富な水菜。抗酸化作用のあるビタミンEが豊富なカシューナッツ。ビタミンAの吸収を促すオリーブオイルなどが一緒にとれます。

エネルギー	たんぱく質	脂質	炭水化物	食塩相当量
258kcal	10.1g	22.3g	4.8g	1.2g

缶詰の残りでもう一品
お手軽ディップ

アンチョビ 1
+
みそ 少々
+
オリーブオイル 1
+
生クリーム 2

アンチョビを刻み、残りの材料と混ぜて電子レンジに10秒かける。

レバーペースト 5
+
スイートチリソース 1
+
ナンプラー 少々

材料をすべて混ぜ合わせる。

コンビーフ 5
+
ヨーグルト 1
+
カレー粉 少々

コンビーフをほぐし、残りの材料と混ぜて電子レンジに10秒かける。

これを使いました！

アヲハタ　アンチョビーフィレー
[固形量30g・内容総量45g]

これを使いました！

ノザキ　脂肪分ひかえめコンビーフ
[内容量100g]

これを使いました！

LIVER WURST Spread（レバーペースト）
[内容量120g]

ちょこっとだけ残った缶詰、どうしてますか？
一度開けた缶詰は、なるべく早く使い切りたいもの。
発酵食品を加えたヘルシーディップをご紹介します。

＊材料に付記してある数字は、混ぜる際の材料のかさの比率です。

ツナ 5
＋
ゆで卵 5
＋
らっきょう甘酢漬け 2
＋
マヨネーズ 1

ツナはほぐし、ゆで卵とらっきょうは刻む。材料をすべて混ぜ合わせる。

材料をすべて混ぜ合わせる。

ブラックオリーブは輪切りにし、ひよこ豆はつぶす。材料をすべて混ぜ合わせる。

さばみそ煮 5
＋
ヨーグルト 1
＋
マヨネーズ 1

ひよこ豆 2
＋
ブラックオリーブ 1
＋
クリームチーズ 2

これを使いました！

マルハ　さばみそ煮 月花
[固形量150g・内容総量200g]

これを使いました！

いなば　ライトツナスーパーノンオイル
[内容量70g]

これを使いました！

いなば　毎日サラダ ガルバンゾ（ひよこ豆）
[内容総量100g]
ギャバン ブラックオリーブ（種抜き）
[内容量170g]

脳と心に効く

脳を活性化し心を安定させる缶詰レシピ

ストレスは万病のもと

　ストレスを感じると人はイライラしたり、集中力に欠けて小さなミスが増えたり、飲み過ぎ、食べ過ぎ、食欲不振、不眠などの不快な症状に悩まされます。

　ストレスを感じた人体は、自律神経系、内分泌系、免疫系を使って防御態勢に入ります（恒常性維持機能）。これによってストレスに対抗できているあいだはいいのですが、長く続くとどこかに不調を感じるようになります。心拍数が増加する、免疫力が低下して風邪をひきやすくなる。さらにはアレルギー症状が出たり、潰瘍、高血圧、うつや神経症など心身の病気へとつながっていくのがストレスの怖さです。

脳をリラックスさせる賢い食べ方

　脳を活性化し心を安定させるには、ストレスに立ち向かうのではなく、上手に付き合い、ストレスに負けない体づくりのために栄養を補給することが大切です。

　普段イライラしがちな人はビタミンB_1不足かもしれません。あるいはカルシウムが不足しても神経過敏な状態になり、イライラしたり怒りっぽくなったりします。

　ストレスによる不眠を予防・改善し、脳をリラックスさせたいときは、必須アミノ酸のトリプトファンをとってください。トリプトファンはビタミンB_6と一緒にとることで脳内の神経伝達物質であるセロトニンの材料となります。ビタミンB_6は青魚、牛乳・乳製品、卵、大豆製品、バナナなどに多く含まれています。

　みそと醤油に含まれるアミノ酸の一種のGABA（ギャバ）にも、脳の興奮を抑えリラックスする効果があります。またみそに含まれているレシチンは神経伝達物質の材料となる成分のため、脳を活性化するといわれています。

　栄養バランスはもちろん大切ですが、脳と心によく効く食事は、何よりたのしくおいしく、そして規則正しくを心がけましょう。

木綿豆腐
トリプトファン、レシチン、カルシウム、ビタミン B_1 などが豊富。

みそ
脳の興奮を抑えるGABAや、神経伝達物質の材料となるレシチンが豊富。

チーズ
トリプトファン、カルシウム、ビタミンA、ビタミン B_2 などが豊富。精神安定効果が。

さんま
DHA（ドコサヘキサエン酸）やEPA（エイコサペンタエン酸）、各種ビタミンを豊富に含む。脳細胞の活性化や免疫力の向上に。

卵
記憶力を高めるといわれるレシチンを多く含み、バランスのよい栄養素を豊富に含む。

さば
たんぱく質に富み、脳の働きを高めるDHAやEPAが豊富。タウリンもたっぷり。

ほかにもあります！ 脳を活性化させる食材いろいろ

トリプトファンを多く含む食品 ヨーグルト、アーモンド、納豆、そばなど
GABAを多く含む食品 トマト、じゃがいも、みかん、発芽玄米など
レシチンを多く含む食品 卵黄、大豆・大豆製品、ごま油、ピーナッツなど

かんたん麻婆豆腐

切って、混ぜて、チンするだけ！
味付けも缶詰におまかせです。

これを使いました！

いなば　とりそぼろとバジル(75g)
[内容総量75g]

材料(1人分)

鶏そぼろ(バジル味) ……………… 1缶(約70g)
木綿豆腐 …………………………… 1/2丁(100g)
豆板醤 ……………………………… 小さじ1/2

作り方

1. 豆腐は水きりし、1cmの角切りにして耐熱容器に入れておく。
2. 鶏そぼろは缶汁をきらずに豆板醤と混ぜ合わせて1にかけ、ラップをして電子レンジで2分加熱する。

Point
「とりそぼろとバジル」は豆板醤と混ぜるだけで、麻婆なす、麻婆春雨など、かんたんに麻婆料理が作れます。

エネルギー	たんぱく質	脂質	炭水化物	食塩相当量
192kcal	16.2g	11.3g	6.0g	1.7g

ツナとかぼちゃのホットケーキ

おやつや夜食にぴったりの
やさしいおいしさのホットケーキ。

これを使いました！

いなば　ライトツナスーパーノンオイル
[内容量70g]

☆写真は全体の1/4量ずつ焼いています。お好みのサイズに焼いてお召し上がりください。

Point
レーズンが苦手な子には、好きなドライフルーツやナッツ類を入れてあげましょう。心を安定させるには栄養以上に「おいしい」と思うことがとても大切です。

材料(2人分)

ツナ(ノンオイル・フレーク)	1缶(約70g)
かぼちゃ	100g
A　卵	1個
牛乳	1/4カップ
ヨーグルト	小さじ1
ホットケーキミックス	100g
レーズン	15g
サラダ油	少々

作り方

1. かぼちゃは皮をむいて5mm幅に切り、耐熱容器に入れてラップをかけ電子レンジで3分加熱する。やわらかくなったら熱いうちになめらかになるまでつぶす。
2. 別のボウルに*A*を入れてよく混ぜ、ホットケーキミックスを加えてさらに混ぜる。缶汁をきったツナ缶、*1*、レーズンを加えて全体を混ぜ合わせる。
3. フライパンを熱してサラダ油を引き、*2*を円形に落として弱火で焼き、表面にプツプツ穴があいたら裏返す。竹ぐしを刺して生地がついてこなければ出来上がり。

エネルギー	たんぱく質	脂質	炭水化物	食塩相当量
334kcal	14.6g	4.7g	58.7g	1.2g

脳と心に効く

いわしのチーズはんぺん

いわしとチーズとのりのトリプルハーモニー。
はんぺんの代わりに、油揚げに詰めても。

これを使いました！

マルハ　いわし蒲焼
[固形量80g・内容総量100g]

材料（2人分）

いわしかば焼き	1缶（約100g）
はんぺん	1枚
焼きのり	全形1/2枚
プロセスチーズ	15g
サラダ油	小さじ1/2

作り方

1. はんぺんは斜め半分に切り、切り口から切り込みを入れて袋状にする。
2. ボウルに缶汁をきったいわしかば焼きを入れてほぐし、焼きのりを手でちぎりながら加え、1cmの角切りにしたプロセスチーズも加えて混ぜ合わせる。2等分して1に詰める。
3. フライパンにサラダ油を熱し、2を両面焼き色がつくまで焼く。

Point
いわしは青魚の中でもカルシウム量が多く、脳神経の働きをサポートするナイアシン（ビタミンBの一種）が豊富。二日酔いを防ぐ効果も。

エネルギー	たんぱく質	脂質	炭水化物	食塩相当量
195kcal	15.7g	10.0g	10.7g	1.6g

ミックスビーンズのドライカレー

チンするだけ！ 忙しい日のお助けレシピ。
カレーの香りが食欲をそそります。

これを使いました！

カゴメ　完熟トマトのミートソース
[内容量295g]
いなば　毎日サラダ ミックスビーンズ
[内容量110g]

📖 材料(2人分)

ミートソース	1缶(約300g)
ミックスビーンズ(ドライ)	1/2缶(約60g)
カレー粉	小さじ1
ご飯	適量
らっきょう甘酢漬け	40g
お好みでベビーリーフ	適宜

🍳 作り方

1. 耐熱容器にミートソース、ミックスビーンズ、カレー粉を入れて混ぜ合わせ、ラップをして電子レンジで4分加熱する。
2. 器にご飯を盛り、1をかけてらっきょうと、お好みでベビーリーフを添える。

Point
脳のエネルギー源となるのはブドウ糖だけです。不足すると脳の働きが低下するので糖質を多く含むご飯、パン、めん類、いも類なども適度に食べましょう。

エネルギー	たんぱく質	脂質	炭水化物	食塩相当量
536kcal	11.4g	6.5g	106.4g	2.8g

＊1人分ご飯200gを使用した場合の栄養価です

脳と心に効く

これを使いました！

ホテイフーズ やきとり たれ味
[内容総量85g]

焼き鳥とキムチのお好み焼き

粉を使わず山いもだけでまとめた生地は
ふっくらやわらか、お腹にもたれません。

材料（20cmのフライパン1枚分）

焼き鳥（たれ）	1缶（約80g）
山いも	50g
キャベツ	50g
キムチ	30g
卵	1個
ごま油	小さじ1
削り節	適量
青のり	適量

作り方

1. 山いもはすりおろし、キャベツとキムチは千切りにする。
2. ボウルに焼き鳥を缶汁ごと入れてほぐし、1、卵を入れて混ぜ合わせる。
3. フライパンにごま油を熱して2を流し入れ、焼き色がついたら裏返し、両面とも色よく焼く。器に盛って削り節と青のりをかける。

Point
火を通さなくても食べられる食材だけを使っているので、焼き時間は短時間でOK。熱に弱いキムチの乳酸菌をできるだけ腸まで届けましょう。

エネルギー	たんぱく質	脂質	炭水化物	食塩相当量
315kcal	24.0g	15.4g	19.8g	2.1g

＊出来上がり総量の栄養価です

コーンのかきたま汁

材料（2人分）

コーン（クリーム）	1缶（約190g）
水	1/2カップ
固形スープ（チキン、ガラ、中華など）	1/2個
酢	小さじ1/2
塩・こしょう	少々
卵	1個
お好みで小ねぎ（万能ねぎ）	適宜

これを使いました！
アヲハタ　十勝コーン クリーム
［内容総量190g］

作り方

1. 鍋にコーン、水、固形スープを入れて火にかける。温まって固形スープがとけたら酢を加え、塩・こしょうで味をととのえる（沸騰させない）。
2. 卵を割りほぐして1に流し入れ、ふんわりかき混ぜる。
3. 器に盛ってお好みで小口切りにした小ねぎを散らす。

エネルギー	たんぱく質	脂質	炭水化物	食塩相当量
131kcal	5.0g	3.5g	19.4g	1.1g

脳と心に効く

鶏ささ身入り卵サラダのピーマンカップ

卵の黄色、色とりどりのカラーピーマン。
一皿でテーブルの上がパッと華やぎます。

これを使いました！

いなば　とりささみフレーク低脂肪
[内容総量80g]

材料（2人分）

鶏ささ身（フレーク）	1缶（約80g）
ゆで卵	1個
マヨネーズ	大さじ1
ピーマン（お好みのカラーピーマン）	2個
スライスチーズ（とけるタイプ）	2枚

作り方

1. ゆで卵は殻をむいて1cmの角切りにし、缶汁をきった鶏ささ身、マヨネーズとあえる。
2. ピーマンは縦半分に切り、種とへたをとり除き、1を等分に詰める。
3. 半分に切ったスライスチーズを2の上にのせて、オーブントースターでチーズに焼き色がつくまで焼く。

Point
脳をリラックスさせたいときには、トリプトファンを多く含む食品（チーズ、卵、青魚、木綿豆腐、牛乳、納豆など）をとりましょう。

エネルギー	たんぱく質	脂質	炭水化物	食塩相当量
131kcal	11.6g	7.9g	3.1g	1.2g

あさりとぬか漬けの酢のもの

どんな野菜のぬか漬けでもおいしくできる
かんたん、手軽な一品です。

これを使いました！

あけぼの　あさり水煮
［固形量65g・内容総量130g］

材料(2人分)

あさり水煮	1缶(約130g)
ぬか漬け(なす、きゅうり、キャベツなど)	100g
酢	大さじ1
焼きのり	全形1枚

作り方

1. ぬか漬けは一口大に切る。
2. ボウルに缶汁をきったあさり、1、酢を入れてよく混ぜ合わせ、適当な大きさにちぎったのりを入れてあえる。

Point
カルシウムが不足すると、イライラしたり怒りっぽくなることがあります。ぬか漬けはカルシウムが豊富で、酢のクエン酸は高ぶった神経を鎮める効果があります。

エネルギー	たんぱく質	脂質	炭水化物	食塩相当量
60kcal	7.7g	0.8g	6.4g	3.8g

脳と心に効く

ほたてとのりの温そうめん

ほたてのだしとのりがふわりと香る
体も心もほどけるおいしさ。

これを使いました！

マルハ　ほたて貝柱（割り身）
[固形量45g・内容総量70g]

材料(1人分)
ほたて貝柱水煮(割り身) ……… 1缶(約70g)
そうめん …………………………… 50g
水 …………………………………… 1カップ
醤油 ………………………………… 小さじ1/2
あおさのり ………………………… 3g

作り方
1. そうめんを表示通りにゆで、冷水で洗って水けをきる。
2. 鍋に缶汁ごとほたて貝柱を入れ、水を加えて火にかける。沸騰したら1と醤油を入れ、あおさのりを加えて混ぜ、一煮立ちさせる。

Point
のりは疲労回復に必要な栄養素がまかなえる優れた食品。ストレスによって増加する活性酸素を抑え、免疫力アップ効果も。イライラしたり、疲れたときに。

エネルギー	たんぱく質	脂質	炭水化物	食塩相当量
234kcal	12.6g	0.9g	43.0g	3.4g

チョコプディング

材料(プリンカップ2〜3個分)
ココナッツミルク ………………… 1カップ
粉寒天 ……………………………… 1g
板チョコ …………………………… 25g
砂糖 ………………………………… 30g
生クリーム ………………………… 1/4カップ
お好みで削りチョコ ……………… 適宜

これを使いました！

ユウキ ココナッツミルク
[内容量400mL]

作り方
1. 鍋にココナッツミルクと粉寒天を入れてよく混ぜる。
2. 1にこまかく刻んだ板チョコと砂糖を加え、火にかけてかき混ぜながら煮とかす。
3. すべての材料がとけたら火を止め、生クリームを加えて混ぜる。お好きなカップに流し入れ、冷蔵庫で冷やしかためる。お好みで削ったチョコレートをのせる。

エネルギー	たんぱく質	脂質	炭水化物	食塩相当量
814kcal	6.7g	66.9g	54.6g	0.1g

＊出来上がり総量の栄養価です

脳と心に効く

鮭とたけのこの土佐煮

鮭が主役の和風のおかず。
成長期のお子さまにもおすすめです。

これを使いました！

あけぼの　あけぼのさけ
[内容総量90g]

材料（2人分）

鮭水煮	1缶（約90g）
たけのこ水煮	150g
A　水	1/2カップ
醤油	小さじ1/2
酒	小さじ1/2
みりん	小さじ1/2
削り節	1パック（2.5g）

作り方

1. たけのこは食べやすい大きさに切る。
2. 鍋に鮭水煮の缶汁のみ入れ、Aを加える。1を入れて落としぶた（クッキングシートなどでも可）をし、弱火で10分ほど煮含める。
3. 鮭水煮と削り節を加え、ひと混ぜして火を止める。味をなじませるために少し冷ましてから器に盛る。

Point　鮭に含まれるDHAやEPAは、記憶するときの情報伝達に重要な役割を果たします。たけのこのチロシンは脳の神経伝達物質の合成に欠かせません。

エネルギー	たんぱく質	脂質	炭水化物	食塩相当量
96kcal	10.2g	4.7g	3.8g	0.5g

MAYU'S ADVICE 4 よく噛むと、いいことたくさん！

ぜひ、よく噛んで食べてください。1口30回、意識的に噛むだけで体や脳にいいことが、たくさんあります。

1. 顔のさまざまな筋肉が動き表情が豊かに
2. 脳の満腹中枢が刺激され、少ない食事量で満腹に
3. 食べものをじっくり味わえる
4. あごの骨や筋肉が発達し、歯並びの改善や丈夫な歯茎をつくる
5. 噛む刺激により脳内でヒスタミンが分泌され、エネルギー代謝や内臓脂肪燃焼が促進、体内での脂肪合成を抑制
6. 脳の老化を遅らせ、認知症予防に

よく噛んでね！

骨粗しょう症

骨粗しょう症を予防する缶詰レシピ

女性の4人に1人は骨粗しょう症予備群

　私たちの体のなかでは、古くなった骨をとかし、新しい骨をつくって埋めていくという作業が繰り返されています。この新陳代謝の仕組みによって、骨の健康が保たれているのです。

　この骨形成がうまくいかなくなり、骨の中がスカスカになってしまうのが骨粗しょう症です。女性の高齢者に非常に多い病気で、50歳以上の女性の4人に1人ともいわれます。女性の骨密度のピークは18歳頃で、40代半ばまではほぼ一定の骨量を保っていますが、閉経後に急速に低下してしまいます。これは女性ホルモンのエストロゲンの分泌量が低下することによって、骨をつくる細胞の働きが弱くなるから。いまは何の問題も感じていなくても、将来のことを考えて骨密度を上げる食生活を心がけましょう。

魚の缶詰＋発酵食品の納豆・チーズがオススメです

　骨はおもにカルシウム、リン、たんぱく質でできています。このうち骨をかたく保つのがカルシウム。食事から十分に摂取できていないと、骨の中のカルシウムがとけ出して量が減ってしまいます。閉経後も十分な骨密度を保つためには、日頃からカルシウムと、カルシウムの吸収を促す栄養素であるビタミンD、ビタミンKをとることが大切です。

　魚が骨ごと手軽に食べられる缶詰は、たんぱく質、カルシウムが豊富で骨粗しょう症予防の強い味方。リンは骨の原料なのですが、とり過ぎるとカルシウムの吸収を抑制します。カルシウムとリンの摂取量は1：1～1：2がいいとされていますが、魚の缶詰の製品の分析結果ではその比率は1：1～1：1.8を示しており[※]、その点も安心です。チーズはカルシウムが豊富なうえ、発酵によって消化吸収しやすくなっています。

　ビタミンDは骨代謝を活発にし、カルシウムの吸収を助けます。鮭やさんま、きくらげ、いわし丸干しなどを食べましょう。

　大豆やナッツ類に多く含まれるマグネシウムも骨の形成に欠かせません。大豆は女性ホルモンと同じような働きをするイソフラボンも豊富なので、大豆製品は積極的に食べたい食品です。特に発酵食品の納豆にはビタミンK_2も含まれ、たんぱく質は骨の材料となります。

※公益社団法人『日本缶詰びん詰めレトルト食品協会』のHP「缶詰、びん詰、レトルト食品Q&A」より

さば
カルシウム、ビタミンD、ビタミンB_{12}が豊富

チーズ
チーズ10gで牛乳100mL分のカルシウムを効率的に摂取。

ほうれん草
マンガン、カルシウム、マグネシウムなど骨の形成に役立つ栄養素が豊富。

納豆・大豆
イソフラボンにカルシウム、たんぱく質もとれてコレステロール0！

さんま
カルシウムが豊富なうえ、その吸収を助けるビタミンDも一緒に摂取。

ほかにもあります！ 骨にいい食材いろいろ	
カルシウムを多く含む食品	牛乳、乳製品、小魚、干しえび、小松菜、チンゲン菜など
ビタミンDを多く含む食品	鮭、うなぎ、めかじき、かれい、しいたけ、きくらげなど
ビタミンKを多く含む食品	小松菜、キャベツ、にら、ブロッコリーなど

骨粗しょう症

ウインナーとミックスビーンズのキッシュ風

チーズの風味豊かなカフェ風メニュー。
お好みの具でアレンジしてみて。

これを使いました！

ノザキ　ウインナーソーセージ [固形量105g]
いなば　毎日サラダ ミックスビーンズ [内容量110g]
明治屋　MY 国産グリンピース [内容総量85g]
ギャバン　ブラックオリーブ（種抜き）[内容量170g]

■ 材料（20cm1台分）

ウインナー	1缶（約100g）
ミックスビーンズ（ドライ）	1缶（約110g）
グリンピース（または冷凍枝豆）	1缶（約80g）
ブラックオリーブ	3粒
卵	2個
A ┌ 牛乳	1/2カップ
生クリーム	1/2カップ
粉チーズ	大さじ2
└ 塩・こしょう	少々
バター	適量

● 作り方

1. ウインナーは輪切りにする。
2. ボウルに卵を割りほぐし、Aを加えて混ぜる。
3. 耐熱皿にバターを塗り、1、ミックスビーンズ、缶汁をきったグリンピース、輪切りにしたブラックオリーブを入れて混ぜ合わせ、2を流し入れる。
4. オーブントースターで20分程度、卵液がかたまり、表面に焼き色がつくまで焼く（焦げそうなときはアルミホイルをかぶせる）。

Point

牛乳、生クリーム、チーズなどカルシウム吸収率のいい乳製品をいっぱいとれるメニューです。卵2個のうち1個は黄身だけにすると、より濃厚な生地になります。

エネルギー	たんぱく質	脂質	炭水化物	食塩相当量
1242kcal	57.2g	88.8g	52.8g	4.5g

＊出来上がり総量の栄養価です

銀杏(ぎんなん)とじゃがいもの塩辛炒め

塩辛の風味と銀杏のほろ苦さが
大人好みの一皿です。

これを使いました!

明治屋　MY 国産ぎんなん水煮
[内容総量85g]

材料(2人分)

銀杏水煮	1缶(約80g)
じゃがいも	2個
絹さや(冷凍いんげん可)	20g
サラダ油	小さじ1
いかの塩辛	20g

作り方

1. じゃがいもは1cmの角切りにし、キッチンペーパーで水けをふきとる。絹さやは筋をとる。
2. フライパンにサラダ油を熱し、1のじゃがいもを入れて炒める。表面が透き通ってきたら缶汁をきった銀杏、絹さやを入れて炒め、全体に火が通ったらいかの塩辛を加え、さっと炒める。

 Point
銀杏には、カリウム、マグネシウム、リン、鉄など、骨をつくるのに欠かせないミネラルがたくさん含まれています。大豆水煮缶を使ってもおいしく出来ます。

エネルギー	たんぱく質	脂質	炭水化物	食塩相当量
153kcal	4.0g	6.3g	27.4g	1.1g

骨粗しょう症

オイルサーディンと厚揚げのパン粉焼き

和洋を問わず使いやすいオイルサーディン。
いろんなお酒によく合うおつまみです。

これを使いました！

はごろも＆キングオスカー
オイルサーディン
[固形量75g・内容総量105g]

材料(2人分)

オイルサーディン	1缶(約100g)
厚揚げ	1丁(200g)
ピクルス	15g
マヨネーズ	小さじ1
A 粉チーズ	大さじ1
A パン粉	大さじ1

作り方

1. 厚揚げは3cmの角切りにする。ピクルスはみじん切りにし、マヨネーズとあえる。別に*A*を合わせておく。
2. グラタン皿に*1*の厚揚げを並べ、*1*のピクルスとマヨネーズをのせる。その上に油をきったオイルサーディンを並べ、*A*をかけてトースターで焼き色がつくまで焼く。

Point
カルシウムが豊富な厚揚げと、カルシウムの吸収を促すビタミンDを含むオイルサーディンを組み合わせました。厚揚げには認知症予防効果のある葉酸も。

エネルギー	たんぱく質	脂質	炭水化物	食塩相当量
429kcal	23.2g	34.2g	6.2g	1.0g

いわしともやしのいなり

かりっと焼いた油揚げと
シャキシャキした具の食感が魅力。

これを使いました！
マルハ　いわし蒲焼
[固形量80g・内容総量100g]

材料（2人分）

いわしかば焼き	1缶（約100g）
油揚げ	2枚
ザーサイ（みじん切り）	40g
もやし（みじん切り）	40g

作り方

1. 油揚げは横半分に切り、切り口を開いて袋状にする。
2. ボウルにザーサイ、もやしを入れ、いわしかば焼きをほぐしながら合わせる。
3. 2を4等分し、1に詰めて口を折り込む。
4. オーブントースターで香ばしく焼く。

Point 具にザーサイではなく、らっきょうやガリを入れると、よりさっぱりとしたおいなりさんになります。

エネルギー	たんぱく質	脂質	炭水化物	食塩相当量
194 kcal	13.3g	12.9g	6.4g	3.4g

骨粗しょう症

これを使いました！

マルハ 秘伝さば照焼
[固形量80g・内容総量100g]

さばと納豆のさつま揚げ風

お口にごま油と納豆の香りが広がります。
出来立ての熱々がおいしい一皿です。

材料(2人分)
さば照り焼き ……………………… 1缶(約100g)
A ┃ 玉ねぎ(みじん切り) ……………… 50g
　┃ 納豆 ……………………………… 1パック(40g)
　┃ 片栗粉 …………………………… 大さじ2
　┃ とき卵 …………………………… 1/2個分
　┃ おろししょうが ………………… 小さじ1/2
ごま油 ……………………………… 大さじ1

作り方
1. ボウルにさば照り焼きとAを入れてよく混ぜる。
2. フライパンにごま油を熱し、1をスプーンですくって落とし入れ、形をととのえながら、きつね色になるまで両面を焼く。

Point
納豆のイソフラボンやビタミンK₂は骨粗しょう症予防に効果的な栄養素。良質なたんぱく質も骨の材料になります。

エネルギー	たんぱく質	脂質	炭水化物	食塩相当量
321kcal	14.1g	20.8g	19.5g	0.6g

MAYU'S ADVICE 5　たんぱく質の偏差値「アミノ酸スコア」

　私たちが日々口にする食品に含まれているたんぱく質は、アミノ酸に分解されて全身へと運ばれ、筋肉や臓器、皮膚、血液となり、酵素や免疫抗体、神経伝達物質、ホルモンの材料にもなる重要な栄養素です。たんぱく質を作るのは20種類のアミノ酸で、特に体内で合成できない9種類の必須アミノ酸がひとつでも不足していると、たとえほかの8つを十分に含んでいたとしても、食品としての栄養価値は下がってしまいます。その指標となるものが「アミノ酸スコア」。すべての必要量を満たしていればスコアは100、良質なたんぱく質です。100以下の場合は不足している必須アミノ酸の値までしか働くことができませんが、ほかの食材を一緒に食べて補うことができます。50、60の力を100にできるから、補う食材を一緒に食べることが大事なのですね。

食品	アミノ酸スコア	不足アミノ酸	不足を補う食品
卵	100		
牛乳	100		
牛・豚・鶏肉	100		
アジ・鮭	100		
じゃがいも	68	ロイシン	牛肉、レバー、牛乳など
精白米	65	リジン	魚介、肉、卵、牛乳など

> 骨粗しょう症

鶏ささ身と貝割れ菜とチーズの春巻

子どものおやつや大人のおつまみに。
あっさりした口当たりで、いくつでも食べられます。

これを使いました！

いなば　とりささみフレーク低脂肪
［内容総量80g］

Point
骨量が気になる年齢になったら、同時にたんぱく質の摂取も心がけましょう。梅干しは血管の老化を防ぎ、免疫力を高めてくれます。

エネルギー	たんぱく質	脂質	炭水化物	食塩相当量
78kcal	3.2g	5.2g	4.3g	0.6g

＊1本分の栄養価です

材料(2人分/8本)

鶏ささ身(フレーク)	1缶(約80g)
貝割れ菜	20g
春巻の皮	4枚
梅干し	1個
シュレッドチーズ	40g
オリーブ油	大さじ1+ 大さじ1
お好みでパセリ	適宜

作り方

1. 鶏ささ身は缶汁をきっておく。貝割れ菜は洗って根元を切り水けをふいておく。春巻の皮は斜め半分に切る。梅干しは種をとり、たたいておく。
2. 1の春巻の皮に梅の1/8量を塗り、鶏ささ身、貝割れ菜、シュレッドチーズを8等分してのせる。巻きやすいように細長くまとめ、左右の皮を折り込んで手前からくるくる巻き、巻き終わりに水(分量外)を塗ってとめる。
3. フライパンにオリーブ油大さじ1を入れて熱し2を入れて色よく焼き、途中裏返し、オリーブ油大さじ1を春巻に回しかけ、さらにこんがり焼く。お好みでパセリを添える。

Soup & Sweets

チーズ入りどら焼き

材料(4〜6個分)

ゆであずき	50g
クリームチーズ	50g
卵	1個
牛乳	1/4カップ
ホットケーキミックス	100g

これを使いました！
はごろも　ゆであずき
[内容量190g]

作り方

1. ビニール袋にゆであずきとクリームチーズを入れて手でつぶしながら混ぜる。
2. ボウルに卵を割り入れ、牛乳を加えて泡だて器で混ぜ、ホットケーキミックスを加えてゴムベラなどでさっくりと混ぜ合わせる。
3. 弱火で熱したフライパンにサラダ油(分量外)を薄く引き、2の生地を直径8cmくらいになるよう丸く流し入れ、弱火のまま焼く。表面にポツポツ穴があいてきたら裏返してキツネ色に焼く。残りの生地も同様に焼く。
4. 1のビニール袋の角を切り、焼いた皮1枚にあんをしぼり出し、もう1枚を重ねてサンドする。

エネルギー	たんぱく質	脂質	炭水化物	食塩相当量
752kcal	21.1g	25.8g	108.2g	1.8g

*出来上がり総量の栄養価です

骨粗しょう症

コーンとさつまいものホットサラダ

コクと酸味のバランスがいいドレッシングを
たっぷりからめて。

これを使いました！

アヲハタ　十勝コーン ホール
[固形量130g・内容総量190g]

材料(2人分)

コーン(ホール)	1缶(約190g)
さつまいも	100g
A ┌ ヨーグルト	50g
├ ピーナッツクリーム(または練り白ごま)	20g
├ レモン汁	小さじ1
└ 塩	少々
冷凍ブロッコリー	40g

作り方

1. さつまいもは皮のまま一口大に切り、耐熱容器に入れてラップをかけ、3分加熱してやわらかくする。
2. ボウルにAを入れて混ぜ合わせる。
3. 1に缶汁をきったコーン、ブロッコリーを入れ、ラップをして電子レンジで2分加熱する。
4. 器に3を盛り、上から2をかける。

Point
甘めのドレッシングがお好みなら、ピーナッツクリームと合わせて。練りごまを使えば、さっぱりしたドレッシングに仕上がります。

エネルギー	たんぱく質	脂質	炭水化物	食塩相当量
210kcal	6.2g	6.5g	32.0g	0.4g

揚げ大豆ご飯

香ばしくいった大豆を甘辛だれでからめました。
ご飯がすすみます！

これを使いました！

いなば　毎日サラダ 大豆 食塩無添加
[内容量100g]

材料(2人分)

大豆水煮(ドライ)	1缶(約100g)
A　醤油	小さじ1
みりん	小さじ1
砂糖	小さじ1
片栗粉	大さじ1
サラダ油	小さじ1
ご飯	茶碗2杯
青のり	少々

作り方

1. 耐熱容器にAを合わせてラップをして電子レンジで30秒加熱する。
2. 大豆水煮(ドライタイプでない場合はキッチンペーパーで水けをふきとる)は、片栗粉をまぶす。フライパンにサラダ油を熱して大豆を炒め、1に入れてからめる。
3. ご飯に2を混ぜ合わせて器に盛り、青のりを振る。

Point

大豆はたんぱく質をはじめさまざまな栄養素に恵まれているうえ、機能性成分もいっぱい。骨粗しょう症予防のほか、健康食、美容食、長寿食としておすすめです。

エネルギー	たんぱく質	脂質	炭水化物	食塩相当量
407kcal	11.6g	7.3g	66.6g	0.4g

骨粗しょう症

スパム入り
ココナッツミルクカレー

ココッツミルクの甘い香りが
あとを引きます。食べ過ぎ注意！

これを使いました！

ホーメル　スパム20%レスソルト［内容量198g］
明治屋　MY国産マッシュルーム［内容総量85g］
ユウキ　ココナツミルク［内容量400mL］
カゴメ　トマトジュース［内容量190g］

Point
ココナッツミルクには銅やマンガンが含まれていて、粉チーズに豊富なカルシウムやマグネシウムの吸収率を高めてくれます。

エネルギー	たんぱく質	脂質	炭水化物	食塩相当量
744kcal	18.6g	34.5g	89.7g	1.4g

＊1人分ご飯200gを使用した場合の栄養価です

材料(4人分)

スパム	1缶(約200g)
マッシュルーム	1缶(約80g)
ココナッツミルク	1缶(約2カップ)
トマトジュース	1缶(約1カップ)
なす	1本
にんにく(みじん切り)	小さじ1
小麦粉	大さじ2
A ┌ 粉チーズ	大さじ1
│ カレー粉	大さじ1
│ コンソメ	1個
└ 塩・こしょう	少々
タバスコ	少々
ご飯	適量
お好みでドライパセリ	適宜

作り方

1. スパムは1cm角、なすは一口大に切る。
2. 鍋に **1** のスパムを入れてじっくり炒めて脂を出し、にんにくを加える。香りが出てきたら、**1** のなすと、缶汁をきったマッシュルームを加えてさらに炒め、なすに火が通ったら小麦粉を振って混ぜる。ココナッツミルク、トマトジュースを加えて混ぜ、沸騰したら弱火にして **A** を入れて15分煮込む。仕上げにタバスコを入れて混ぜる。
3. ご飯と **2** を器に盛り、お好みでご飯にドライパセリを散らす。

さんまととろろの納豆汁

材料(2人分)

さんまかば焼き	1缶(約100g)
だし汁	1.5カップ
みそ	小さじ1
長いも	100g
納豆	1パック(40g)

これを使いました！

ニッスイ さんま蒲焼
[内容総量100g]

作り方

1. 鍋にだし汁を入れて火にかけて煮立て、缶汁をきったさんまかば焼きを入れてほぐし、みそをとき入れて火を止める。
2. **1** にすりおろした長いもと納豆を加えて混ぜる。

エネルギー	たんぱく質	脂質	炭水化物	食塩相当量
170~243kcal	13.2g	6.7~14.8g	19.6g	1.0g

骨粗しょう症

鮭とれんこんのチーズ焼き

れんこんにからんだチーズと
カレーの香りが食欲をそそります。

これを使いました！

あけぼの　あけぼのさけ
[内容総量90g]

材料（2人分）

鮭水煮	1缶（約90g）
れんこん	100g
オリーブ油	小さじ1
カレー粉	小さじ1/2
塩・こしょう	少々
シュレッドチーズ	20g

作り方

1. れんこんは皮をむいて1cm厚さの半月（大きければいちょう）切りにする。
2. フライパンにオリーブ油を熱して1を炒め、カレー粉と塩・こしょう少々を振り、缶汁をきった鮭水煮をほぐしながら加え、炒める。
3. 火を止めてシュレッドチーズを加え、全体を混ぜ合わせてふたをする。余熱でチーズがとろりとしたら出来上がり。

Point
骨ごと食べられる鮭缶と、カルシウムの吸収率にすぐれたチーズの組み合わせ。肌トラブル回避に役立つビタミンCが豊富なれんこんを使った女性にうれしいレシピ。

エネルギー	たんぱく質	脂質	炭水化物	食塩相当量
164kcal	10.5g	9.8g	8.8g	0.7g

chapter 2

缶詰ってこんなにすごい！

最近、脚光を浴びている缶詰ですが、まだまだ「手抜きアイテム」といった印象をもっている方も……。でも、缶詰は栄養価が高く経済的、しかも意外に環境にやさしいなど、なかなかの優れものです。缶詰と上手に付き合うポイントとともに、その魅力をたっぷりご紹介します。

あなどれません！

実は新鮮で栄養価の高い缶詰

旬の素材をスピーディーに加工してビタミンもしっかりパック

　長もちすることから「保存食」というイメージが強い缶詰。高温で加熱殺菌をしていることもあり、ビタミンなどの栄養価は低く、「新鮮」という言葉とは無縁などと思っていませんか？

　実は、缶詰の中身はフレッシュで、栄養価も高いのです。缶詰を作る工程を見ると、それがよくわかります。

　缶詰の原料は、一般的にはたくさんとれる旬の時期のものを使います。旬の素材は安価なだけでなく、季節はずれのものと比べると栄養価が高いことがわかっています。

　しかも、水産缶詰の工場は魚がたくさん水揚げされる漁港の近くに、野菜や果物などの工場は産地の近くに建てられていることが多く、とれたらすぐに加工できる仕組みです。朝どれ野菜をその日のうちに缶詰に加工することも珍しくありません。さらに、缶詰にする前に、魚なら頭や内臓を、野菜や果物は皮や種などをとり除きますが、機械化が進んでいて、実にスピーディーで鮮度と栄養が損なわれないようにしています。

ほかにも栄養価の損失が少ない方法がとられています。缶詰は、素材を缶に入れて中の空気を抜き、真空の状態で加熱殺菌をします。ビタミンCなどのように水にとけやすく酸化しやすい栄養素は、家庭で調理する場合、かなり減ったり壊れたりしますが、空気に触れない状態で短時間の加熱をする缶詰は損失の割合が低くてすみます。

魚を料理するのが苦手なら
手軽で栄養たっぷりの缶詰で

　缶詰は、手軽に食べられるのが魅力です。
　海に囲まれている日本は、昔から魚をたくさん食べてきました。かつては「お魚大国ニッポン！」などといわれた時代もありましたが、平成18年には肉が魚の消費量を上回り、そのまま魚離れが進んでいます。アンケート＊によると「料理をするのがめんどう」「骨があって食べにくい」などという声がある反面、9割の人が「健康によい」「もっと食べるようにしたい」と思っているそうです。
　さば、鮭、ツナ、いわし、さんま……と、魚の缶詰はいろいろな種類がたくさんあります。缶詰に加工しても、健康を維持するために必要な不飽和脂肪酸はほとんど失われません。
　さらに魅力は、カルシウムが豊富なこと。日本人は、カルシウム不足が指摘されています。育ち盛りの子どもや、骨粗しょう症が気になる年代の女性は、不足しないように気を付けて摂取してほしい栄養素のひとつです。
　さばや鮭、いわし、さんまなどの缶詰には、やわらかくなった骨も一緒に入っていてカルシウムが豊富です。
　このように、缶詰は栄養価に優れています。食事のなかに上手に組み入れてみてはいかがでしょう。

＊大日本水産会　平成18年、19年、23年度「水産物消費者嗜好動向調査」より

知って得する
魚介缶詰の底ヂカラ

栄養がギュッと
閉じ込められている缶詰

　魚離れが進んでいる日本人に、ぜひ活用してもらいたいのが魚介の缶詰。ここでは、魚介缶詰の種類別の栄養素と健康効果への期待をご紹介します。

さば

　さばをはじめとした青魚には、健康な生活を維持するために必要な「EPA（エイコサペンタエン酸）」や「DHA（ドコサヘキサエン酸）」が多く含まれています。これらは高度（多価）不飽和脂肪酸といわれるもので、人間の代謝過程で働きますが、体内で合成することができないため食物から摂取しなければなりません。

　EPAは血液中のコレステロールを低下させて血栓をできにくくし、血液をサラサラにする効果があり、動脈硬化や心筋梗塞、脳梗塞などを予防します。一方のDHAは、善玉コレステロールを増やし、悪玉コレステロールを下げるほか、脳細胞の成長を促して脳を活性化し、認知症を予防する効果があると考えられています。

　さばにはこのほかに、貧血予防・改善と腰痛や不眠症の改善に効果的なビタミンB_{12}、カルシ

ウムの吸収を助け骨粗しょう症予防に役立つビタミンDが豊富。さらに、抗酸化作用があり血行を促進させて冷え性や肩こりを改善するビタミンE、糖質や脂質の代謝を促し美肌効果が期待できるビタミンB_2も含まれています。

さんま

さばと同様、EPAやDHA、ビタミンB_{12}、ビタミンD、ビタミンEが豊富です。さらに皮膚や粘膜、目の健康に欠かせないビタミンAも多く含まれています。

いわし

さばと同様、EPAやDHA、ビタミンB_2、ビタミンB_{12}、ビタミンDなどが豊富です。青魚の中ではカルシウムの量が多く、ビタミンDと結びついて丈夫な骨をつくるほか、コエンザイムQ10も含まれていて、ビタミンB_2とともに美肌効果が期待できます。さらに、脳神経の働きをサポートし血液の循環をよくするナイアシン（ビタミンBの一種）が豊富なのもいわしの特長です。

鮭

消化・吸収のよい良質たんぱくが豊富に含まれています。また、さばと同様にEPAやDHA、栄養の代謝を促すビタミンB群、カルシウムの吸着を促すビタミンD、抗酸化力のあるビタミンEが豊富。免疫力を高めシミやしわの抑制が期待できます。

ほたて

タウリン含有量は魚介類の中でもトップクラス。肝機能を高め心臓の血管を丈夫にし、眼精疲労回復、視力低下防止、高血圧改善に効果的です。また、疲労回復に有効なグリコーゲン、味覚障害予防や新陳代謝を促す亜鉛、貧血予防の鉄、造血作用のあるビタミンB_{12}なども含んでいます。

かに

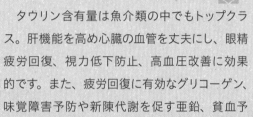

高たんぱく・低脂肪のヘルシー食材。糖質や脂質の代謝を促すビタミンB_1、ビタミンB_2、ナイアシンが豊富。ほたてと同じように、タウリン、亜鉛、鉄、さらに鉄の吸収率をアップする銅も含んでいます。

あさり

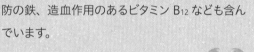

造血作用のあるビタミンB_{12}と鉄分が豊富で貧血予防の期待が。また、ほたてと同様、タウリンも多く含む高たんぱく・低脂肪の食品です。

缶詰の魅力は安い、安全、長もち

たっぷり入って意外に経済的

　缶詰は大小ありますが、家庭で使うものはだいたい手のひらにのせることができる程度の大きさです。見た目はコンパクトな缶詰ですが、思いのほか、中身はたくさん入っています。

　たとえば、さばの水煮缶。内容総量220gの場合、体長約30cmのさば（約350g）が1尾入っています。また、スイートコーン缶450g入りには3.5～4本分（1.1kg）のとうもろこし、あさり缶（固形量105g）には殻付きあさり1.2kg、みかん缶（中粒／固形量250g）には7個のみかんが使われています。

　価格が安くなる旬の時期との生鮮品と比べても、多くの缶詰は5～7割の価格で購入できます。生鮮品は生のまま産地から運び、小売店の店頭に並べるまでの流通コストや人件費などがかかりますが、缶詰は価格が安い旬の時期に原料を大量に買ってすぐに加工し、常温で流通させるので、家計にやさしい価格なのです。

保存料無添加で安全安心!

　長期間、常温で保存ができることから、缶詰には保存料や殺菌剤などの食品添加物が使われていると思っている人も多いようです。しかし、一般的な缶詰は、腐敗の原因となる空気や水、細菌が入らないように密封したあと、中身を加熱殺菌しているので、微生物の繁殖は起こらず、腐敗や酸化することがありません。食品添加物には一切頼らず、長期保存を可能にしています。では、どのぐらいもつのでしょうか？　理論的には、無菌状態で密閉してあるのですから、ずっと腐らないことになります。

　しかし、一般的な缶詰は、賞味期限を3年に定めてあります。これは、この期間内はおいしく食べられるという目安です。賞味期限を過ぎると、味は少しずつ劣化していきますが、すぐに食べられなくなるわけではありません。

　ただし、保存状態が悪いと安全性が損なわれる場合があります。次のことを確認してから、食べるようにしましょう。

・缶にさびがついていないか
・膨らんでいないか
・ふたを指で押すとぺこぺこへこまないか

　このような状態が見られた場合は、廃棄してください。

　ちなみに、1938年にイギリスで、114年間保存されていた世界で最も古いと思われる缶詰を開けて食べたという記録があります。牛肉や野菜の缶詰だったようですが、腐敗していなかったのはもちろんのこと、香りや味もそれほどひどくなかったのだとか。缶詰が作られたのは、日本でいえば江戸時代の後期。そんな時代から、しっかりとしたものが作られてきているのです。

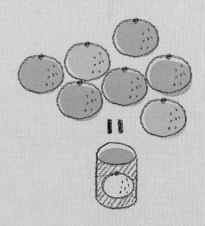

缶詰と上手に付き合うポイント

6つのポイントをおさえて缶詰ライフを楽しもう！

缶詰の選び方や保存方法、扱い方など、缶詰と上手に付き合うために知っておきたいポイントをご紹介します。

1 買うときには、外観とラベルをチェック！

ふたは凹み加減のものがよく、膨れていたり手で押すとぺこぺこしたり、巻締（ふたと本体の接合部分）が曲がったり、さびがひどいものは避けましょう。一方、缶の胴は多少凹んでいても中身に問題はありません。また、缶詰は中が見えないので、名称や原材料などを確認することも忘れずに。品質の規格を満たす食品につけられるJASマークも、ひとつの目安になります。

2 お魚缶の食べごろは1年後

お魚缶はできたてで食べてももちろんおいしいのですが、1年後のほうがもっとおいしくなるってご存じですか？　たとえばさばみそ煮缶の場合、さばをみそ煮にしてから缶詰にするのではなく、原料を缶に詰めて調味液を加え、ふた

をしたあとに熱を加えます。水煮缶も同様に作られます。魚から出る脂肪分やうまみが汁と混ざり合い、魚になじむまで少し時間をおくとおいしくなります。そのため、出来上がった缶詰を1年ねかせてから出荷するところもあるようです。

3 保存は温度変化や湿気が少ないところで

　長期間、常温で保存できるのが缶詰の魅力ですが、品質を保つためにちょっとした注意が必要です。温度が極端に高いところや、温度変化の激しいところでの保存は品質の低下を招きます。また、湿気が多く風通しの悪いところでは、さびの原因にもなります。直射日光や暖房器具、加湿器などの影響を受けず、できれば25℃以下のところで保存しましょう。

4 缶詰のまま電子レンジ、冷凍庫は厳禁！

　スチールやアルミなど金属でできている缶詰は、電子レンジで加熱すると火花を散らすことがあります。また、未開封の缶詰を直火にかけると、破裂する危険があります。温めるときは、容器を移し替えましょう。缶詰のまま冷凍すると風味が落ちたり、中身が膨張して破損したりすることもあります。冷凍庫に入れるのは避けてください。一度開けた缶は中身をほかの容器に移してから冷蔵庫や冷凍庫を利用しましょう。

5 金臭さが気になったら加熱を

　現在の缶は、内側に塗装をしていて缶特有の金臭さが少なくなっています。それでも気になるときは、中身をほかの容器に移して軽く熱を入れます。におい成分は揮発性なので、加熱により感じなくなります。

6 缶汁はだしに、調味料は控えめに

　さばやあさり、かに、ほたて、鶏ささ身などといった缶詰は、缶汁にうまみがでています。調理をするときには、だしとして無駄なく使いましょう。缶詰は手を加えずにそのまま食べることを基本に作られているため、しっかり味付けされています。料理をするときには、調味料は控えめに。

おいしく食べて、上手にリサイクル

1年で1人あたり33缶の缶詰を消費

　現在、世界には1200種類以上の、日本だけでも800種類以上もの缶詰があるといわれています。日本は、その生産量でも消費量でも「缶詰大国」といえそうです。

　では、いったいどのぐらい私たちは缶詰を消費しているのでしょうか。国内消費量（日本での缶詰生産量－輸出量＋輸入量）から、国民1人あたりの消費量を計算すると、1年で33缶（1缶250gとして計算）消費していることになるそうです。これに缶コーヒーやお茶、ジュースなどの飲料缶を加えると、1人あたり消費量はなんと年間126缶にのぼります。

　生産される種類では、生産量の45％は魚や貝類の水産缶詰です。とくにまぐろ・かつお類とさばで水産缶詰の6割以上を占めています。ちなみに、まぐろ・かつお類というのはツナ缶のこと。ツナと聞くとまぐろのことだと思いがちですが、まぐろもかつおも用途が似ていることからツナでひとくくりにされていて、現在は価格が安いかつおがツナ缶の主流になっています。

　野菜缶詰ではコーン缶詰の生産量が多く、次

いであずき缶、トマト缶。果物缶ではみかんがいちばん多く、ミックス、桃（黄桃・白桃）と続きます。

　このように、私たちは、たくさんの缶詰を消費していますが、食べ終わったあとのことも忘れてはいけません。空き缶も大量に出てきます。

　空き缶は資源ゴミとして分別して出していると思います。どのくらいリサイクルされているのかというと、スチール缶は92.9％、アルミ缶は83.8％。非常に高い数字で、世界でもトップクラスのリサイクル率となっています。これは、回収して資源として再生させ、ふたたび利用するという仕組みがしっかりとできているからです。

　まず、使い終わったら、私たち一人ひとりがきちんと分別することからはじめましょう。

缶詰の日をご存じですか？

　10月10日は缶詰の日です。ご存じでしたか？　これは、日本初の缶詰工場が製造を開始した日にちなんで制定されました。

　少し歴史をひもといてみましょう。缶詰の原理が誕生したのは、今から210年ほど前（1804年）のフランスでのこと。食物を密閉後加熱して保存するもので、軍の食料としてびん詰めが活用されました。その後、イギリスでブリキによる缶詰工場が稼働したのが1810年です。

　そこから遅れること約60年、日本の長崎に缶詰の技術が伝わり、いわし缶が作られました。そして、日本初の缶詰工場が北海道の石狩市に建てられ、缶詰の製造を開始したのが1877（明治10）年10月10日でした。この日を記念して缶詰の日となったのです。このとき作られたのは、石狩川でとれた鮭を原料とした鮭缶でした。

＊数字は、公益社団法人『日本缶詰びん詰レトルト食品協会』のHP「国内生産数量統計（2013年最新データおよび2004年以降推移データ）」および「缶詰、びん詰、レトルト食品Q&A」からとりました。

いざというときに備える「ローリングストック」のすすめ

使うごとに買い足し、常に一定量をストック

　Chapter 1でご紹介したように、缶詰はいろいろな料理にお使いいただけます。しかも、栄養価が高く保存性もあり、経済的という優れた食品です。そんな缶詰を暮らしのなかで活用していく際に、おすすめしたいのが「ローリングストック」の実践です。

　これは日常的に使いながら、いざというときのために備えるという考え方で、2011年に起きた東日本大震災以降、広まってきました。

　缶詰は長期保存ができ、缶を開ければそのまま食べられることから、以前から災害食としても利用されてきました。しかしよくあるのが、賞味期限がとっくの昔に切れていたり、食べ慣れていないためのどを通らなかったり。「非常持ち出し袋」が押し入れの奥に追いやられ、いざというときにとり出せないなんてことも。

　そんな背景から「ローリングストック」が注目されました。食料品や日用品などの生活必需品を少し余分に買っておき、古いものから使って、使うごとに買い足していく。これならば、いつも

使っているものが、常に新しい状態で一定量ストックされ、いざというときには災害食として活用することができます。

肉、魚、野菜、そして甘いもの…バランスよくそろえるのがコツ

　災害食を考えたとき、食料をすべて缶詰でそろえる必要はありません。常温で1年ぐらい保存ができ、手軽に食べられるレトルトやびん詰めの食品との組み合わせもいいでしょう。また、そうめんやビーフン、はるさめ、早ゆでパスタ、乾物などは、水とカセットコンロの備えがあればかんたんに調理ができ、缶詰と組み合わせると立派な食事になります。

　大切なのは、バランスよくそろえること。魚介類に加え、肉や野菜、フルーツ。さらに、ストレスがかかる災害時には、甘いものが心の栄養となってくれます。フルーツ缶のほかに、あずき缶やスイーツ缶詰なども加えておきたいところです。

　商品を選ぶときのポイントは次の通りです。

1 濃い味付けは避ける

　災害時、水は貴重です。水をたくさん飲みたくなるような濃い味付けのものは避けましょう。

2 備蓄する量を決める

　人によって1食分の満足する量は異なります。自分や家族の食べる量を把握し、ストックの量を決めましょう。

「ローリングストック」を実践している著者。さまざまな缶詰や食材などがストックされている。

3 常温で食べられるか

缶詰は加熱してあるので、そのまま食べても問題ありません。しかしスープなど加熱を前提としたものは、常温では脂がかたまっていてそのままでは食べにくいということも。火が使えないことも想定し、常温でおいしく食べられるものを一定量、確保しておくといいでしょう。

4 かんたんに開けられるか？

缶詰の多くはイージーオープンになり、缶切りがなくても開けられます。ただ、開けやすさは缶詰によって異なり、意外に力を必要とするものもあります。災害はいつやってくるかわかりません。お子さんやお年寄りがいる家庭では、ラクに開けられる缶詰を選びましょう。

5 缶汁は水の節約に

缶詰の汁はだしになるうえ、貴重な水を節約できます。ビーフンやはるさめなら、缶汁と少量の水でやわらかくなります。ほたてやあさり、さばの水煮缶など、水分が多く、調理に使える缶詰は重宝します。

政府では、非常食について災害後3日分は備蓄するように呼びかけています。1日3食×3日間×家族人数分です。水は1人1日3リットルが目安。この数字をもとに、常に3日分が備蓄されているよう、食べては買い足すことを繰り返すのが「ローリングストック」です。

定期的に「災害食を食べる日」を設定して、家族や職場の備蓄品を食べることもおすすめしています。先にあげた5つのポイントを考えながら、ぜひ実践してみてください。

災害食専門員でもある著者がアドバイザーを務めた加熱しなくてもおいしく食べられる玄米ご飯と、スイーツ缶。
左)「美女缶スイーツ CHEESE CAKE」トーヨーフーズ
右)「玄米ご飯」稲荷堂本舗

chapter 3

発酵食品は
美と健康の強い味方！

Chapter 1でご紹介した数々の「ヘルシーお手軽缶詰レシピ」。そのヘルシーさをより高めているのが、材料に組み入れた「発酵食品」です。ここでは、健康効果が高いことで注目されている発酵食品の機能性だけでなく、発酵がつくりだすおいしさなどもお伝えしながら発酵ワールドに迫ります。

いつでもおいしい！

太古の昔から受け継がれてきた発酵食品

何千年も前からの長きにわたるお付き合い

みそ、醤油、納豆、ぬか漬け、キムチ、ヨーグルト、チーズ……。あらためて思い起こしてみると、日々、何気なく口にしている発酵食品が実にたくさんあることに気づきます。世界を見渡すと、発酵食品は数え切れないほど存在します。

発酵食品の歴史は古く、その起源については諸説ありますが、すでに紀元前3000年ごろには酒づくりの様子が粘土の板碑(いたび)*に記されています。

つまり、それよりも以前から発酵食品はつくられていたことになり、酒だけでなく紀元前5000～6000年にはヨーグルトやチーズも誕生していたといわれています。私たち人類は紀元前からの長きにわたり、発酵食品と付き合ってきたことになります。

「たまたまミルクがかたまり、食べたらおいしかった」「ブドウの果汁がブクブク泡を出し、いい香りになった」……、ヨーグルトやワインのこ

んな偶然が発酵食品のスタートだと考えられています。そして、生のままよりも、はるかに長もちすることにも気づきました。

冷蔵庫などがない時代、人々は食料を長もちさせるためにいろいろな工夫を凝らしてきました。乾燥や塩漬け、燻製、そして「発酵」もそのひとつだったのです。

長もち、おいしい、健康にいい！

発酵食品は、微生物の働きが必要不可欠です。このことは今でこそ認知されていますが、昔の人たちはそんなことなど知るよしもありません。なにしろ微生物が発見されたのは、1674年のことです。それまでは、その存在もわからず試行錯誤を繰り返し、経験を重ねてはそれを伝えて「発酵食品」というものをつくり上げてきたのです。

微生物が発見されてからは、少しずつ発酵のしくみも解明されてきました。

保存性やおいしさだけでなく、「おなかの調子が悪いときにはヨーグルトを食べるといい」とか、「疲れたときには酢のものがいい」などというような健康に関する言い伝えも、科学の進歩とともにその理由が明らかにされてきました。

現在はすぐれた保存技術が身近になったにもかかわらず、私たちが発酵食品に注目をするのは、おいしさだけでなくこういった健康効果への期待が高いからといえます。

先達から受け継いできた「発酵食品」を、日々の食事に意識してとり入れ、健康づくりにも役立ててみてはいかがでしょうか。

＊メソポタミア地方で発見された「モニュマン・ブルー」と呼ばれる板碑に、大麦を使った麦酒づくりの様子が描かれている。

発酵食品ってなに？

味や香りを醸し出す微生物の働き

では具体的に「発酵」とは、どのようなものなのでしょうか。

たとえば、ワインはぶどうを発酵させてつくりますが、このとき必要なのが「酵母菌」という微生物です。酵母菌はぶどうの皮に付着しているほか、空気中にも浮遊している菌で、発酵力が非常に強いため、ぶどうを皮ごとつぶしておいておくだけで発酵がはじまりブクブクと泡が出てきます。

何が起こっているのかというと、酵母は自分が増殖するエネルギーを得るために、ぶどうに含まれる「ぶどう糖」を体内に取り込み、分裂して増えていきます。この過程でできた副産物の二酸化炭素とアルコールは酵母菌の増殖には不要なもので体内から排出していきます。酵母菌はこれを繰り返しながらどんどん増えていくのです。発酵がはじまって1日たつと酵母菌は400倍に、2日たつと2000倍になるほどの繁殖力[*1]で、目に見えないほど小さな菌がぶどう果汁をワインに変えるのです。

発酵を行う微生物は「発酵菌」と呼ばれ、酵母菌のほかにカビ菌と細菌の3つに大別されます。発酵食品によって使う微生物も工程もさまざまですが、だいたいこのような原理で発酵が行われ、独特のうまみ成分やにおい成分などをつくりだしていきます。

　ちなみに「腐敗と発酵は紙一重」などといわれることもありますが、両者の原理は同じです。人間にとって有益なものを生み出す場合は「発酵」で、微生物の働きによって色や味、香りなどが損なわれて食べられなくなると「腐敗」とされています。

伝統食品に使われる
麹菌は日本の国菌

　発酵は気温や湿度などに大きく左右されます。現在のように温度や湿度を自在にコントロールできなかった時代は、それぞれの地域で気候に即した発酵を行ってきました。とくに日本は湿度が高く、発酵に適しているため、たくさんの発酵食品がうまれました。

　なかでも麹菌による発酵は日本ならではのもの。麹菌はカビの一種（コウジカビ）で、日本の温度と湿度が生息に適しています。大豆や米などの穀物を煮たり蒸したりしたものに種麹を付着させて麹菌を繁殖させます。原料によって豆麹、米麹、麦麹、芋麹などになります。

　この麹菌と、乳酸菌や酵母菌などを組み合わせることによって、日本酒やみそ、醤油、酢、焼酎などなど、日本の伝統的な発酵食品がつくられます。麹菌はその固有性から、「国菌*2」とされるなど、日本人にとってなくてはならない発酵菌なのです。

発酵菌と発酵食品

カビ菌	麹菌	日本酒、みそ、醤油、酢、みりん、かつお節など
	青カビ	チーズ
酵母菌		パン、ビール、ワイン、日本酒、みそ、醤油など
細菌	乳酸菌	ヨーグルト、チーズ、醤油、みそ、漬けものなど
	納豆菌	納豆
	酢酸菌	酢、ナタデココ

*1 『発酵　ミクロの巨人たちの神秘』（小泉武夫著／中公新書）より
*2 2006年10月12日日本醸造学会大会で麹菌が国菌に認定された

いいことづくめの発酵食品

腸内環境をととのえ腸の働きを活発に

　近年、発酵食品はとくにその健康効果が注目されています。では、具体的にはどのような効果が期待できるのでしょうか。

　最大の効果は、腸内の環境をととのえ、腸の働きを活発にしてくれることです。これまで腸には100兆個の細菌がいるといわれてきましたが、現在は500兆〜1000兆個もいると考えられています。その重量は1〜1.5kgにもなるのだとか。菌は、体によい働きをする善玉菌、悪い働きをする悪玉菌、そして日和見菌（ひよりみ）に分かれます。日和見菌は善玉菌が多いときはおとなしくしていますが、悪玉菌が増えると悪い動きをしはじめます。つまり、善玉菌を増やしてバランスをとることが、腸内環境をととのえることになります。数多くの発酵食品に含まれる乳酸菌や酵母菌、麹菌、納豆菌などは腸内で善玉菌として働きます。

　腸の働きが活発になると、多くの恩恵を受けることができます。栄養が十分に吸収されて運ばれるようになり、健康や美容全般に役立ちます。また、老廃物や毒素の蓄積は血の流れを悪

くしますが、腸が活発に働くことで老廃物や毒素がスムーズに排出され、血流がよくなります。これにより、肩こりや冷え性などの改善にもつながります。血流がよくなることで代謝もアップし、脂肪燃焼がスムーズに行われて太りにくい体になるともいわれています。

また、腸には病原菌などの異物をやっつけてくれる免疫細胞の多くが集まっています。腸内の環境がととのうことで免疫力もアップし、風邪をひきにくくなるなど病気に対する抵抗力が強くなります。

ほかにもいろいろ、健康効果

腸内環境をととのえるだけでなく、発酵食品自体に健康に役立つさまざまな成分が含まれています。成分とその効果をまとめてみました。

アミノ酸
脳や神経の働きを助け、免疫細胞を活性化。麹菌で発酵した食品に多く含まれる。

ビタミンB群
代謝を活発にし、血栓の予防や冷え性を改善。麹菌による発酵食品に多く含まれる。

大豆イソフラボン
更年期障害、コレステロール値低下、骨粗しょう症の改善など。大豆発酵食品に含まれる。

GABA（ギャバ）
リラックス効果がある成分。大豆発酵食品や漬けものに含まれる。

大豆ペプチド
血圧を安定させる効果が。大豆発酵製品に含まれる。

日本の発酵食品

発酵大国ニッポンの代表選手たち

発酵大国ニッポンには、さまざまな発酵食品があります。発酵食品は、適量を毎日食べ続けることで、より効果が実感できます。食事に上手にとり入れましょう。

● 納豆

蒸した大豆に細菌の一種の「納豆菌」を付着させて発酵させたもの。繁殖力が旺盛な菌で、大豆のたんぱく質や脂肪、炭水化物などを分解、アミノ酸やビタミンをつくり出します。発酵過程でできるナットウキナーゼという酵素には血液をサラサラにする効果があるといわれています。

● みそ

麹菌が大豆の栄養素を分解して糖をつくり、その糖をえさに乳酸菌や酵母が働き、みそのうま味や風味を醸します。使用する麹が米麹ならば米みそ、麦麹ならば麦みそに、大豆に麹菌を繁殖させれば豆みそになります。

● 醤油

原料の大豆と小麦に麹菌を混ぜて醤油麹をつくり、みそのように乳酸菌と酵母菌を組み合わせて発酵、熟成させることで複雑な香りと味わいをつくり出します。

● ぬか漬け

ぬか床は、塩と水を加えた米ぬかに野菜を入れ、野菜に付着している植物性乳酸菌や酵母で発酵させたもの。このぬか床で野菜を漬けるとぬか床に含まれる乳酸菌、ビタミンB群などが野菜に浸透し、また独特のうま味を出します。

● 日本酒

麹菌の酵素で米のでんぷんを分解して糖をつくり、酵母でアルコール発酵させますが、これを同じ容器の中で同時に行う「並行複発酵」という珍しい方法を用います。日本酒のほかに、中国の紹興酒や韓国のマッコリなども並行複発酵でつくられています。

● かつお節

蒸したりゆでたりしたかつおの身をいぶし、表面に麹菌の一種のかつお節菌を付けてカビを生やして発酵させます。その後、天日で乾燥しカビを落とし、カビ付けと乾燥を数回繰り返します。この工程でうまみ成分のイノシン酸が生成されます。

● 酢

一般的にはアルコールに酢酸菌を加えて発酵させます。米酢は、日本酒と同じ工程でアルコール発酵させたところに、酢酸菌を加えて発酵・熟成します。黒酢は玄米を原料にしたもので、穀物を原料にすると穀物酢、果実を原料にすると果実酢になります。

● 塩辛

魚介の身や内臓を塩漬けにするもので、内臓にある消化酵素や微生物などによって発酵させ、うまみを出します。日本では、いかやたこ、えび、かつお（酒盗_{しゅとう}）、ほや（このわた）、鮎（うるか）など、さまざまなものがあります。

世界の発酵食品

紅茶もチョコも立派な発酵食品

海外でもたくさんの種類の発酵食品が誕生しています。今や日本人にも日常的に食され、親しまれている発酵食品をご紹介します。

チーズ

牛や羊、山羊などの乳を原料として、乳酸菌や酵母菌、青カビなどを用いてつくられます。世界に400種類以上もあるといわれ、たんぱく質や脂質、ビタミン、カルシウムなどが豊富。プロセスチーズ100gに牛乳600cc分のカルシウムが含まれています。

ヨーグルト

牛乳に乳酸菌を加えて発酵させたもので、たんぱく質の消化吸収がよい状態になっています。乳酸菌のほかに、ビタミンB_1、ビタミンB_2などが豊富。上澄み液は乳清（ホエー）といい、栄養の宝庫なので混ぜて一緒に食べましょう。

ワイン

最も歴史の古いお酒。赤い皮のぶどうを、皮ごとしぼり、酵母菌を利用してアルコール発酵させています。アンチエイジングや抗がん作用があるといわれているポリフェノールを豊富に含んでいます。

チョコレート

チョコレートの原料のカカオ豆は、収穫したカカオを果肉ごと発酵させた後、焙煎したもの。発酵によりたんぱく質や糖が分解され、1000種類以上ともいわれる香り成分が生成されます。「血圧低下」「整腸作用」などさまざまな健康効果に対する研究が行われています。

紅茶

紅茶は、茶葉を細かく切って、葉の細胞の中にある酵素で発酵させた発酵茶です（緑茶は無発酵茶、ウーロン茶は半発酵茶）。体を温める作用があり、水分代謝を促してくれます。

ザワークラウト

千切りにしたキャベツを塩漬けにして発酵させた酸味の強い漬けもので、ドイツ料理に欠かせません。キャベツには腸の粘膜の修復をする働きがあるビタミンUが豊富で、善玉菌とともに腸の健康をサポートしてくれます。

ビール

麦を発芽させた麦芽を原料に、ビール酵母を使ってアルコール発酵させています。ビタミンB群が含まれていますが、なかでも美肌効果があるといわれているビタミンB_2が豊富。風味付けのホップには鎮静作用や健胃作用などが認められています。

キムチ

塩漬けした野菜を、とうがらしやにんにくなどの香辛料と魚の塩辛を加えて漬けた乳酸菌たっぷりの漬けものです。日本では白菜キムチが定番ですが、韓国にはさまざまな野菜を使った100種類以上ものキムチがあります。血行をよくするなど女性にうれしい効果が。

おわりに...

　私は 22 歳で管理栄養士になりました。今年で 23 年目になるので、人生の半分以上を管理栄養士として過ごしてきたことになります。

　大手企業の社員食堂や病院、保育園の管理栄養士として勤めて多くの経験を重ね、同時に食育指導士、水のマイスター、調理師、ジュニア野菜ソムリエ、フードライフコーディネーター、そして災害食専門員の資格を取得してさまざまな活動を行っています。発酵食品について、水について、野菜について、災害食・防災食、食育、認知症予防の食事……、多様なテーマで講演もしてきました。

　そんな私の現在に大きな影響を与えたのが、2011 年の東日本大震災です。当時、息子はまだ幼稚園児でした。もし大人が誰も帰宅できない状況だったら……。家の中にたくさんの食品があっても、小さな子どもが一人で食べられるものはほとんどないということに気づきました。そして私の住む地域のスーパーマーケットでは必要なものが入荷されず手に入らない状況が続き、これをきっかけに災害食に強い関心をもち、食材を備蓄することの大切さを考えるようになりました。

たのしく健康に！

　そのなかで感じたのが、缶詰という食品のすばらしさです。保存性が高いうえ、開ければそのまま食べることができるので子どもでも大丈夫。キャンプなどのアウトドアでも使いやすく、災害食にも適しています。さらに、缶詰にちょっと手を加えると、いろいろな料理ができます。急な来客があってもあわてずおもてなしの一品を作れます。「賞味期限が切れていた」なんてことのないよう日常的に使うようにして食べ慣れていれば、いざというときにも安心です。

　今回は、缶詰にさらに栄養効果の高い発酵食品を組み合わせ、より健康を意識したレシピをご紹介しています。
　管理栄養士として日々、いろいろな人たちと接していますが、体と心の健康のために毎日の食事がとても大切だということは、みなさんご存じです。でも、実践するのは難しいというのがホンネ。私は常に「みなさまの健康のためにできることはなんだろう」と自問自答してきました。本書は、その答えのひとつになったと思っております。

　私が大切に思っていることは「毎日の食事を大切にして、健康を維持する」こと。楽しくお料理を作っておいしく食べて健康になれたら、こんなにステキなことはありません。本書が皆さまの健康づくりのお役に立てたら幸いです。

2015年　今泉マユ子

素材別索引

▼ 魚介の缶詰

食材・食品	掲載ページ
あさり水煮	12・28・75・109
アンチョビ（フィレ）	14・95・98
いわしかば焼き	19・26・38・69・104・119
いわしトマト煮	46・80
オイルサーディン	118
鮭水煮	16・29・62・112・128
さば照り焼き	66・120
さば水煮	82
さばみそ煮	20・36・39・51・87・99
さんまかば焼き	74・127
さんま塩焼き	23・38・47・64・90
かに（ほぐし身）	50・57・93
ツナ（ノンオイル）	32・38・86・99・103
ほたて貝柱水煮	37・39・58・78・92・110

▼ 肉の缶詰

食材・食品	掲載ページ
ウインナー	42・116
牛肉大和煮	35・68・83
コンビーフ	15・33・49・88・98
スパム	52・97・126
鶏ささ身	10・34・39・48・59・79・94・108・122
鶏そぼろ (バジル味)	56・102
ミートソース	30・96・105
焼き鳥 (たれ味)	18・44・65・72・106
レバーペースト	34・91・98

▼ 野菜・その他の缶詰

食材・食品	掲載ページ
うずら卵	61
銀杏	117
グリンピース	44・57・77・116
ココナッツミルク	111・126
コーン (クリーム)	43・107
コーン (ホール)	15・29・42・124
大豆	94・125
トマト	52
トマトジュース	45・126
ナタデココ	63
なめこ	77
ひじき	14・60
ひよこ豆	22・88・99
ブラックオリーブ	42・45・99・116
フルーツミックス	27・53・63
ホワイトアスパラガス	11・56
マッシュルーム	22・31・126
みかん	17・89
ミックスビーンズ	30・105・116
ヤングコーン	13・76
ゆであずき (加糖)	17・73・123

発酵食品

食材・食品	掲載ページ
アンチョビ	14・95・98
いかの塩辛	60・117
いぶりがっこ	78
クリームチーズ	10・27・99・123
キムチ	15・28・38・43・106
削り節	14・19・26・32・38・51・56・77・92・106・112
コチュジャン	33・36・39・94
粉チーズ	82・116・118・126
酒	16・50・62・87・90・112
ザーサイ	39・48・58・119
ザワークラウト	34
サワークリーム	30
塩麹	13・22・44・61・62・75・86
しょうが甘酢漬け	65
醤油	14・18・23・31・32・49・65・69・76・79・90・92・110・112・125
シュレッドチーズ	11・29・30・46・96・122・128
酢（黒酢含む）	57・59・68・74・78・90・107・109
スライスチーズ（とけるタイプ）	69・91・108
高菜漬け	58
たくあん	78
タバスコ	45・126
チョコレート	111
豆板醤	35・39・47・77・102
ナタデココ	63
納豆	18・19・48・65・120・127
ナンプラー	98
ぬか漬け	23・38・66・78・109
野沢菜漬け	83
バルサミコ酢	64・76
ピクルス	52・118
プロセスチーズ	17・49・97・104
みそ（赤みそ含む）	10・11・16・29・72・98・127
みりん	11・12・16・72・90・112・125
モッツァレラチーズ	37・64
ヨーグルト	20・42・53・73・80・88・89・93・98・99・103・124
らっきょう（甘酢漬け）	37・99・105

協力企業リスト

いなば食品株式会社
0120-178-390（フリーダイヤル）
http://www.inaba-foods.jp
＜使用商品＞
とりささみフレーク低脂肪
とりそぼろとバジル
ライトツナ　スーパーノンオイル
毎日サラダ　ガルバンゾ（ひよこ豆）
毎日サラダ　ミックスビーンズ
毎日サラダ　大豆　食塩無添加

SSKセールス株式会社
0120-04-8189（フリーダイヤル）
http://www.ssk-ltd.co.jp
＜使用商品＞
アスパラガス ホワイト

カゴメ株式会社
0120-401-831（フリーダイヤル）
http://www.kagome.co.jp
＜使用商品＞
カゴメ　トマトジュース
カゴメ　完熟トマトのミートソース

川商フーズ株式会社
03-5203-1009
https://www.cornedbeef.jp
＜使用商品＞
ウインナーソーセージ（ノザキ）
脂肪分ひかえめコンビーフ（ノザキ）
牛肉大和煮（ノザキ）

キユーピー株式会社
0120-141122（フリーダイヤル）
http://www.kewpie.co.jp
＜使用商品＞
アヲハタ　アンチョビーフィレー
アヲハタ　十勝コーン　ホール
アヲハタ　十勝コーン　クリーム

日本水産株式会社
0120-837-241（フリーダイヤル）
http://www.nissui.co.jp
＜使用商品＞
スルッとふた　さば水煮
さんま塩焼
さんま蒲焼

はごろもフーズ株式会社
0120-123620（フリーダイヤル）
http://www.hagoromofoods.co.jp
＜使用商品＞
しっとりひじき
ゆであずき
はごろも＆キングオスカー オイルサーディン
朝からフルーツみかん
朝からフルーツミックス

株式会社ホテイフーズコーポレーション
0120-165616（フリーダイヤル）
http://www.hoteifoods.co.jp
＜使用商品＞
やきとり（たれ味）
デザートナタデココ ベトナム産

マルハニチロ株式会社
0120-040826（フリーダイヤル）
http://www.maruha-nichiro.co.jp
＜使用商品＞
マルハ　秘伝いわし蒲焼
マルハ　さばみそ煮　月花
マルハ　まるずわいがにほぐしみ
マルハ　ほたて貝柱（割り身）
マルハ　秘伝さば照焼
あけぼの　あさり水煮
あけぼの　さけ水煮缶
あけぼの　いわしトマト煮

株式会社明治屋
0120-565-580（フリーダイヤル）
http://www.meidi-ya.co.jp
＜使用商品＞
MY 国産マッシュルーム
MY 国産ぎんなん水煮
MY 国産グリンピース
MY 国産なめこ
MY 国産うずら卵水煮

ユウキ食品株式会社
0120-69-5321（フリーダイヤル）
http://www.youki.co.jp
＜使用商品＞
ココナツミルク（4号缶）

2015年1月現在

参考文献

『栄養の基本がわかる図解事典』中村丁次 監修（成美堂出版）
『かんづめハンドブック』公益社団法人日本缶詰協会
『食材の基本がわかる図解事典』五明紀春　監修（成美堂出版）
『女子栄養大学の ダイエット クリニック』女子栄養大学 栄養クリニック 著（世界文化社）
『食べる健康がわかる本』落合敏 著　（秀和システム）
『発酵美人　食べるほどに美しくなる』小泉武夫 著（メディアファクトリー）
『発酵　ミクロの巨人たちの神秘』小泉武夫 著（中央公論社）
『美人になる30日間発酵食品だけ生活 全レシピ』伊達友美 著（扶桑社）
『100歳まで病気知らずでいたければ「発酵食」を食べなさい』白澤卓二 著（河出書房新社）
『病気知らずの体を作る 発酵食品のレシピ』Yukiyo 著　（宝島社）
『病気にならない　魔法の7色野菜』中村丁次　監修（法研）

編集協力

撮影◎寺岡みゆき
スタイリング◎大畑純子
ブックデザイン・イラスト◎小林直子（umlaut）
デザイン◎在原祥夫（Tone）
編集協力◎エアリーライム

●著者

今泉 マユ子(いまいずみ まゆこ)

管理栄養士、食育指導士、防災食アドバイザー、日本災害食学会災害食専門員。1969年生まれ。神奈川県横浜市在住。関東学院女子短期大学家政科食物栄養専攻卒業後、栄養士として富士通リフレに入社。結婚退職後、佐々木病院勤務を経て、3年間中国南京に駐在。帰国後横浜市の保育園に管理栄養士として8年間勤務。現在缶詰の商品開発に携わるほか、横浜市水道局認定の水のマイスター、日本野菜ソムリエ協会認定JUNIOR野菜ソムリエ、JFCS認定フードライフコーディネーターの資格を持ち、幅広く講演・講師活動を行う。著書に『体と心がよろこぶ缶詰「健康」レシピ』(清流出版)がある。
公式ホームページ　http://www.office-rm.com

からだにおいしい缶詰レシピ

平成27年2月23日　第1刷発行

著　　者	今泉マユ子	
発　行　者	東島俊一	
発　行　所	株式会社 法研	
	〒104-8104　東京都中央区銀座1-10-1	
	販売03(3562)7671／編集03(3562)7674	
	http://www.sociohealth.co.jp	
印刷・製本	研友社印刷株式会社	0102

小社は(株)法研を核に「SOCIO HEALTH GROUP」を構成し、相互のネットワークにより、"社会保障及び健康に関する情報の社会的価値創造"を事業領域としています。その一環としての小社の出版事業にご注目ください。

©Mayuko Imaizumi 2015 Printed In Japan
ISBN 978-4-86513-159-8 C0077　定価はカバーに表示してあります。
乱丁本・落丁本は小社出版事業課あてにお送りください。
送料小社負担にてお取り替えいたします。

JCOPY〈(社)出版者著作権管理機構 委託出版物〉
本書の無断複製は著作権法上での例外を除き禁じられています。複製される場合は、そのつど事前に、(社)出版者著作権管理機構(電話03-3513-6969、FAX 03-3513-6979、e-mail: info@jcopy.or.jp)の許諾を得てください。